Mercadeo.com

Apuntes prácticos sobre imagen, mercadeo y ventas
para empresarios y gerentes.

Juan Carlos Jiménez

Cograf Comunicaciones
Caracas - Venezuela - 2007

Mercadeo.com
Apuntes prácticos sobre imagen, mercadeo y ventas
para empresarios y gerentes.

Segunda Edición: Septiembre 2007

Copyright© 2006 de Juan Carlos Jiménez.

ISBN: 980-12-2059-7
Ediciones de Cograf Comunicaciones.

C O G R A F
Caracas - Venezuela
Telf.: (+58-212) 238-7982
RIF: J-30336261-3
www.cograf.com
info@cograf.com

Índice

| Prólogo

Internet ha pasado a ser el inicio de muchas tareas a realizar. En efecto, la pregunta «¿estará en Internet?» es cada vez más frecuente y cada día que pasa, también encuentra respuestas más precisas, extensas y pertinentes.

La presente obra de Juan Carlos Jiménez «Mercadeo.com» podría también titularse «Internet es parte de tus ideas de negocios», así como del negocio mismo, llevado desde la concepción hasta su realización práctica diaria.

Internet es quizás lo más artificial que ha construido el hombre. En la naturaleza nada se le parece y cada vez se distancia más de los sistemas naturales que conocemos.

Todas las sociedades y culturas antiguas, o las culturas más avanzadas, tienen su propio laberinto. Cada uno con sus particularidades pero, en todos los casos, el caos está signado por la incertidumbre y el valor del esfuerzo de entenderlo.

Internet es el gran laberinto de un mundo globalizado… Un laberinto que se hace y deshace. Que se hace con la nueva información y se deshace con la obsolescencia de la misma. No hay nada que perdure; pero tampoco nada puede desecharse a priori.

Ese juego de luces y sombras que significa escoger información apropiada, aprehenderla y convertirla en negocios, es la médula del conocimiento en el tema que pregona, sugiere y firmemente recomienda Juan Carlos en su obra.

Desde un Internet puro y simple hasta la realización de un negocio exitoso pasa por muchos procesos de transformación de la información y de datos extraíbles de la red para su posterior conversión en conocimiento útil para un determinado propósito.

Puedo decir que "Mercadeo.com" es, en buena medida, un mapa de navegación para sacarle el jugo a Internet, que ayuda a reducir el laberinto de complejidades por el cual hay que transitar para tomar buenas decisiones de negocios.

César Peña Vigas
Rector
Universidad Tecnológica del Centro

INTRODUCCIÓN
Apuntes prácticos
de un empresario

Una de las dificultades más grandes que tiene un libro sobre Internet es el grado de vigencia que pueda mantener al lado de la vertiginosa velocidad de los cambios tecnológicos que afectan este mundo, sobre todo si su contenido está orientado a hacer predicciones o hacia la estructuración de recetas para acumular una fortuna de manera fácil, rápida y trabajando muy poco, desde la casa. Esto lo había aprendido con mi primer libro *Negocios.com* y lo confirmé con éste.

A pesar de mi gran afición a todo lo relacionado con las Tecnologías de Información (T.I.) no tengo una formación académica tecnológica ni soy un especialista técnico y lo que más me apasiona de este tema no es cómo funciona la tecnología y sus bondades potenciales.

Me interesa especialmente cómo aprovecharla de manera concreta para respaldar las diferentes actividades de comunicación de los negocios en los que estoy involucrado o del negocio de los clientes para quienes he tenido y tengo el privilegio de trabajar.

Mi aproximación a Internet está sesgada por la legítima perspectiva que tiene cualquier empresario o gerente, como usted o como yo, que tiene el reto de gerenciar y hacer maromas con un conjunto de recursos determinados (casi siempre muy limitados), en función de obtener unos resultados de negocios en un momento específico.

Así pues, sólo me propuse tratar de comprender las oportunidades de negocio que podría obtener del uso adecuado de Internet y ponerlas en blanco y negro, a manera de apuntes, como parte de la consolidación de mi propio proceso de aprendizaje, del cual debo destacar algunas lecciones, aunque suenen a lugares comunes:

1. El aprendizaje es permanente y esto no se refiere a que haya que ser un erudito de los aspectos técnicos.
2. Los empresarios deben involucrarse en aspectos técnicos (en alguna

medida), sin que sea necesario llegar a ser un experto. Simplemente se trata, como dice el refrán, de que "el ojo del amo engorda el ganado".

3. Nunca es demasiado costoso ni demasiado tarde para hacer las correcciones o actualizaciones tecnológicas de imagen y comunicación que el negocio requiera.

4. Siempre hay más opciones para gerenciar las inversiones tecnológicas poco a poco y a la medida de cada empresa, que las que encontramos a primera vista.

5. El esfuerzo individual que se requiere para comprender la tecnología es diferente. No se puede avanzar con prejuicios del tipo "loro viejo no aprende a hablar".

Por otro lado, podría decirse que una especie de "analfabetismo tecnológico" nos reta ineludible y constantemente como empresarios y gerentes, porque la computación personal e Internet tienen en los negocios el impacto que la imprenta tuvo en El Renacimiento.

En tal sentido, estos apuntes no pretenden, en los más mínimo, ser todas las respuestas que plantea el tratar de exprimir Internet como una herramienta de negocios.

El contenido de este libro resume muchos aprendizajes obtenidos en las experiencias prácticas de centenares de proyectos de páginas web en los que he estado involucrado, desde la idea inicial hasta su desarrollo final y seguimiento. Pero también sintetiza las inquietudes que pude recoger en decenas de seminarios que promovió la empresa Cantv.net bajo el lema "Empresario: Sácale el Jugo a Internet", en los cuales tuve la oportunidad de conversar cara a cara con más de 1.500 empresarios, gerentes y diferentes tipos de profesionales de todo el país.

Así mismo, usted encontrará las ideas esenciales que comparto en las clases de Mercadeo y de Imagen Corporativa que tengo el honor de dictar en el IESA como profesor invitado desde hace algunos años, en las que planteo aspectos claves de negocio que deben ser tomados en cuenta a la hora de planificar la inversion en Internet como un recurso estratégico de comunicaciones, no importa si la empresa es una gran corporación o un pequeño comercio.

Igualmente, muchas universidades, empresas y otras instituciones me han invitado a compartir mis experiencias sobre Internet en formato de charlas, conferencias y seminarios, lo que me ha obligado a mantener un intenso ritmo de investigaciones, reflexión y decantamiento de las ideas presentadas en estas páginas.

Como puede verse, muchísimas personas han influido de manera especial para publicar este libro. A todos les hago llegar mi profundo agradecimiento y me disculpo por no mencionarlos uno a uno porque la lista de nombres sería muy extensa. Así pues que, por razones de espacio, sólo haré una mención especial para todos los clientes que me han confiado sus proyectos de páginas web, al equipo de Cantv.net que hizo posible esos seminarios tan importantes (contra viento y marea), a mis amigos, socios y compañeros fundamentales de labores diarias en Cograf, Auyantepui.com, Empléate.com y TuSuerte.com, y a mi familia a quienes adeudo muchas de las horas invertidas en este libro.

Gracias también a usted, amigo lector, por la gentileza de enviarme sus comentarios sobre este libro a mi dirección de correo electrónico jucar@cograf.com.

Juan Carlos Jiménez
jucar@cograf.com
Director Gerente
Cograf Comunicaciones
www.cograf.com

Un hecho consolidado

No hay vuelta atrás

El incremento intensivo de la competencia en todos los mercados y la consolidación del liderazgo en la gerencia de la información, son sólo algunas de las consecuencias de la globalización de la economía, con raíces en el desarrollo de las tecnologías relacionadas con Internet.

Independientemente de las dramáticas fluctuaciones del mercado de valores y las castigadas acciones de empresas de informática y telecomunicaciones, el fenómeno de Internet no es transitorio.

La digitalización de la economía está cambiando radicalmente las formas de hacer negocios, pero para muchos líderes empresariales, Internet es sólo una ilusión tecnológica y un sueño sobre el futuro. Y no les falta razón.

La mayoría de las empresas de tecnología involucradas se han ocupado de vender esta imagen. Sin embargo, a pesar del enfoque tecnocrático, los mercados electrónicos siguen creciendo y aumentando su demanda de información, entretenimiento o realización personal.

Los internautas obtienen a través de Internet una cantidad de opciones de satisfacción, mayor a las que se consiguen fuera de la red.

A pesar de las barreras

La legislación venezolana no sólo desestimula la iniciativa privada de pequeñas y medianas empresas, sino que aún no ofrece un marco regulatorio estable para el emprendimiento de comercios electrónicos. Adicionalmente, en comparación con otras partes del mundo, nuestras instituciones financieras tienen serios retrasos en su visión de negocio y ponen grandes barreras económicas en sus ofertas de servicio para soportar transacciones digitales.

A pesar de todas estas dificultades, los venezolanos, con sobradas razones para la desconfianza ante ofertas virtuales de negocios, lentamente hemos estado insertándonos en las distintas dinámicas de la sociedad digital.

Quizás sea un proceso muy lento, pero no más que lo que nos tomó acostumbrarnos a los cajeros electrónicos. Si se considera que aún se trata de un fenómeno elitesco, sin la magnitud necesaria para ser rentable, la inquietud es pertinente.

Vale la pena tomar en cuenta que para el 2006 más del 12% de la población venezolana (3.2 millones de personas) está usando Internet de manera regular y busca información sobre productos y empresas cada vez que va a comprar un bien o un servicio.

Se podría decir que los empresarios estamos ante el punto más barato de la curva de asimilación de Internet como un recurso global y un canal integral para los negocios (existentes o nuevos). Todo está por hacerse.

Los clientes no son los mismos

Si los clientes cambian todos sus hábitos de compra, las empresas que no sean capaces de adaptarse a esos cambios tenderán a desaparecer, y la red tiene una importante responsabilidad en la velocidad de estos acontecimientos.

A través de Internet, los clientes tienen literalmente miles de opciones y la posibilidad de investigar más sobre un producto antes de comprarlo, sin mencionar la expectativa de acceso y atención las 24 horas del día, los 365 días del año.

¿Cuántas empresas están preparadas para trabajar así? O mejor aún, ¿quiénes en las empresas, grandes o pequeñas, están preparados para tratar a clientes más exigentes y difíciles de satisfacer?

Sintonizando

El planteamiento no es que si los clientes cambian entonces la empresa debe cambiar. No, la idea es que la empresa necesita tener una sintonía tal con su mercado, que le permita cambiar antes que los clientes, anticipándose a sus necesidades y no hay un recurso más poderoso y eficiente para esto que Internet.

Internet ha multiplicado las oportunidades que tiene la gente común y corriente para tener acceso a niveles de poder inimaginables fuera de la red. El impacto en los negocios es tan importante que el presidente de una empresa del tamaño de **3M** ofrece públicamente su singular e-mail (webmaster@3m.com) en una revista como Fast Company.

Por su parte, y ante la "caucho-crisis" de 1999, **Firestone y Ford** reconocieron que su página web les permitió atender informativamente a más clientes afectados que los que físicamente habrían podido asistir a través de otros medios, en el mismo tiempo.

Esto confirma la pertinencia de estar presente en la red y usar Internet como una herramienta concreta y real, para atender necesidades específicas de la empresa, en donde el correo electrónico llega a tener tanta importancia como la página web.

A diferencia de otros momentos históricos industriales, como el del surgimiento del automóvil, la televisión o las computadoras personales, tenemos el privilegio de poder predecir el futuro de Internet y la economía digital. ¡No hay vuelta atrás!

Un mercado y un medio para negocios

Más para mal que para bien, alrededor de Internet se tejieron muchas historias de fortunas fáciles y rápidas. La búsqueda del negocio en Internet (en singular) puede compararse con la legendaria búsqueda de El Dorado. Sobre todo, porque las ansias de enriquecimiento rápido y fácil pueden traer como consecuencia que se confunda la "realidad" con la "virtualidad".

Algunos sortarios ganaron buen dinero especulando con ideas de "negocios en Internet", "porque la red contaba con millones de potenciales clientes y una impresionante velocidad de crecimiento".

Esta especie de neo-fiebre de oro se condimentó, además, con "golpes de suerte" que tuvieron contadas excepciones en personas que sí se enriquecieron de la noche a la mañana gracias a negociaciones especulativas basadas en la ignorancia de sus contrapartes.

Pero, el cuento de hadas llegó a su fin, antes de lo esperado.

Ilusiones y oportunidades de negocios.com

Quizás la prosperidad de la economía estadounidense en los '90 generó mucho dinero en efectivo que se volvió ocioso, porque las ofertas existentes de inversión parecían poco novedosas y no satisfacían la sed que tenían los capitales de proyectos "fantásticos", dignos de películas.

Por ejemplo, por grandes sumas de dinero se vendieron nombres de dominio que correspondían a marcas que ahora pueden ser reclamadas legalmente por unos cuantos dólares. Sin embargo, lo más inaudito fue que experimentados banqueros e inversionistas apoyaran planes de negocio cuyos presupuestos publicitarios y de gastos operativos eran absolutamente desproporcionados en relación a los ingresos proyectados.

Internet surgió como una inmensa fuente de fría limonada en el desierto, pero a la mayoría de los inversionistas se les chorreó la ambición y su gula especulativa de riqueza fácil llevó al mercado de valores a la intensa depuración que vive hoy.

Es increíble que se hayan respaldado negocios.com cuyas aspiraciones de mercado estaban basadas exclusivamente en tecnologías, siendo la tecnología la característica menos competitiva y más vulnerable en una economía signada de innovaciones y cambios diarios.

Confusión entre el negocio y los medios

Otra de las muchas razones de la debacle de las llamadas empresas punto com, pero una de las más importantes, es la pregunta "¿cuál es el negocio en Internet?", tan impertinente como "¿será negocio vender hamburguesas en TV?".

Las cadenas transnacionales de comida rápida, por lo general, tienen presupuestos millonarios de publicidad en TV para ofrecer sus productos y promociones, pero cuando a uno le da hambre tiene que ir al punto de venta real. No es suficiente la foto digital de la hamburguesa.

Vender pizza a través de un medio masivo es un buen negocio, sólo si se logra que la gente vaya a la tienda o pida el producto por teléfono y que al final del día los gastos de la pizzería, incluyendo su publicidad, sean menores que sus ingresos.

En el caso de la pizzería, el negocio depende de su habilidad para orquestar la eficiencia en la producción de la pizza, calidad de la pizza, la atención al cliente y su capacidad para convocar a los clientes, lo que incluye la destreza para manejar diferentes medios para publicitar el negocio.

Adicionalmente, el éxito de la pizzería tiene que ver con las condiciones y características específicas de su mercado: número de competidores, intensidad de la competencia, precios, acceso, demanda, etc.

En este sentido, cualquier medio puede ayudar a que se vendan más pizzas, en tanto cualquier proceso de venta supone algún grado de publicidad.

El negocio es la suma y la integración de un conjunto de aspectos, en donde Internet, como canal, puede tener una función que siempre estará determinada por la naturaleza y las características del negocio mismo. Recuerde que el medio no es el negocio, a menos que usted sea el dueño del medio o le preste servicios.

La realidad "real" de cada negocio

Cada mercado tiene sus propias condiciones y necesidades. Hará mejores negocios el empresario que aproveche las tecnologías en función de su propia realidad y experiencia.

Vender pasajes aéreos a través de Internet puede llegar a ser más fácil que vender zapatos, porque la decisión de compra está basada fundamentalmente en el precio, y no es suficiente ver en un sitio web la fotografía de un bello modelo de zapato para comprarlo.

Sin embargo, gracias a Internet, el comerciante de la zapatería podría tener un catálogo de productos más amplio, actualizado y económico que la vitrina de su tienda real. Si hace la debida planificación tecnológica, también podría desarrollar una poderosa base de datos de clientes e implementar un avanzado programa de mercadeo directo, a costos impensablemente bajos antes del surgimiento de Internet.

En negocios muy similares pueden haber diferencias importantes. Por ejemplo, no es fácil copiar la experiencia de Amazon.com en América Latina, donde las empresas de correo y despacho dejan mucho que desear en términos de calidad de servicio y precios.

Para el cliente que está dispuesto a pagar en línea en una tienda electrónica latinoamericana por el último libro de García Márquez o el último disco de Cristina Aguilera, continuará siendo muy difícil entender que el despacho sea más caro que el producto.

Y, ¿esta ineficiencia es irreversible? En lo absoluto. El volumen y la presión de los consumidores hará que en algún momento aparezcan ofertas de servicio de correo y despacho más eficiente. No hay dudas del inmenso potencial de negocio en este segmento. Sin embargo, el mercado es el que tiene la última palabra al respecto.

Sutilezas semánticas de negocios "en" y "con" Internet

Para una empresa telefónica que provee servicios de conexión a Internet, puede resultar más claro el panorama de sus oportunidades de negocios "en" la red. Pero un Banco, que ofrece servicios en línea, probablemente haga una fortuna con los ahorros que puede obtener por atender a sus centenares de miles de clientes "con" su página web.

También se puede decir que un supermercado (o cualquier otro comercio) hace negocios "con" Internet en la medida que utiliza su página web como un canal de ventas, pero también hace negocios "en" Internet si utiliza su página web y el correo electrónico para hacerle publicidad a su negocio.

En otras palabras, Internet es un mercado en el que se pueden hacer negocios, en tanto que es un espacio en el que transitan potenciales clientes. Pero Internet también es un medio comunicacional con el cual se puede hacer negocios, es una herramienta.

En ambos casos, el éxito de un negocio con Internet depende de la asertividad y pertinencia para aproximarse a un mercado determinado, así como las destrezas para usar Internet como un canal de mercadeo y publicidad.

Internet es un medio y no un fin. Aunque esta idea pudiera parecer obvia, gran parte de los fracasos de negocios y los desaciertos en la gerencia de la publicidad en Internet, son una consecuencia de no tener bien claro este principio. Por ejemplo, no son pocos los negocios que ponen más énfasis en la publicidad hacia su sitio web que en la calidad del contenido que tienen en el mismo.

Falsas ideas sobre la virtualidad

Una de las ilusiones que se tiene con los "negocios en Internet" es que una empresa punto com es más fácil de manejar o mantener, porque se trata de una organización o una estructura "virtual", en donde la tecnología resuelve muchos procesos y no se requiere tanto esfuerzo físico, como en las empresas despectivamente llamadas "tradicionales". Pero la realidad ha resultado muy diferente.

En una economía signada por servicios, hay aspectos críticos que no son fáciles de ofrecer de manera virtual y un claro ejemplo es la atención al cliente. Aún, en muchos casos, tiene más valor la atención personalizada, que la que se puede dar a través de Internet.

A través de un correo electrónico o un sitio web se puede atender mejor a un cliente, sólo si se tienen las destrezas para sustituir con palabras escritas los mensajes corporales que se intercambian cara-a-cara.

Hoy los banqueros no tienen dudas de que es más rentable atender a los clientes a través de taquillas virtuales en un sitio en Internet que atenderlos en las oficinas físicas del banco. Tampoco hay dudas de que el correo electrónico es más barato y eficiente que el correo "tradicional" o las llamadas telefónicas de larga distancia.

Que una taquilla bancaria virtual sea más eficiente y más económica de mantener no significa que las oficinas bancarias reales no tienen sentido o que van a desaparecer. De igual modo, el abaratamiento del costo del espacio que ocupa un sitio web no significa que el papel vaya a desaparecer, o que en las oficinas no van a necesitar papel.

De la misma forma como ocurre fuera de Internet, las oportunidades de "negocios punto com" están dadas en la medida en que los productos y servicios respondan competitivamente a necesidades reales del mercado.

Ahogados en información

Mientras los líderes de las empresas de telecomunicaciones y de informática exponen públicamente todas sus estrategias de negocios, orientadas a profundizar sus competencias tecnológicas, casi nadie se ocupa de discernir suficiente acerca de la grave situación que tenemos con la "sobre-información".

Bien sea como avisos clasificados o por subastas, MercadoLibre.com es un lugar en donde muchos empresarios y comerciantes están vendiendo sus productos, sin haber realizado una gran inversión en tecnología para poder cobrar a través de transacciones electrónicas.

Cada día más y más personas utilizan Internet como una acción básica para buscar información cuando van a comprar un bien o un servicio. No importa el tamaño de la empresa. Estar o no estar en Internet incide en su reputación pública. Por eso es un buen ejemplo el hotelAguamarina.com.ve, que ofrece amplia información sobre su oferta de servicios en su sitio web.

Una de las estrategias para que los internautas cada día tengan más confianza para hacer transacciones digitales es que las mismas puedan ser por montos relativamente bajos ("micro-pagos"), como es el caso de las entradas al cine en MiPunto.com. Sin embargo, el gran reto de negocio en Internet tiene que ver con la calidad de la información, para que el potencial cliente quiera comprar lo que se le ofrece. Tomada la decisión de compra, la gente buscará pagar por el medio que le resulte más cómodo. Pero si la información no está actualizada, se perjudica la imagen del sitio web. En otras palabras, de nada valdrá poder comprar las entradas al cine, si la información de las películas no es correcta o no está al día.

Patricia Van Dalen

HOME | PRESENTACION | MODALIDADES | ENGLISH VERSION
COLECCIONES | CATALOGO | RESEÑAS | CONTACTENOS

Artista venezolana de intensa trayectoria. Inscrita dentro del Arte Abstracto, gran parte de su trabajo se relaciona, sin embargo, con universos reconocibles.
Con una producción esencialmente pictórica, ha ejecutado intervenciones de espacio e instalaciones de envergadura, realizando también obras y proyectos vinculados a la arquitectura. La cualidad expresiva del color en su obra permite que este elemento estético llegue a convertirse en un lenguaje en sí mismo al desplegarse sobre diversas estructuras compositivas.

Mural "Jardín Lumínico"
click aquí

Home | Presentación | Modalidades | English Version | Colecciones | Catálogo | Reseñas | Contáctenos

www.patriciavandalen.com
Teléfono celular: 58-414-2450190 - Caracas, Venezuela.
E-mail: info@patriciavandalen.com

Diseño FolletoWeb

Patricia Van Dalen es una artista venezolana que utiliza intensivamente Internet para promocionar su obra nacional e internacionalmente. Combina su página web con el correo electrónico para mercadear su trabajo, con lo cual ha creado oportunidades que no hubieran sido posibles a través de otros medios, o que resultarían más costosas y de difícil acceso.

Lo paradójico es que el verdadero potencial de negocios de estas industrias depende de que la gente compre más computadoras y existan más internautas.

Pero esto, a su vez, está supeditado a la sobrecargada capacidad que tenemos las personas de procesar toda la información necesaria para tomar decisiones de compra.

¿Se trata de una especie de "analfabetismo"?

El manejo del volumen de información que se ha generado en Internet, entre páginas web y correos electrónicos, se ha convertido, en la actualidad, en uno de los desafíos más importantes para la capacidad gerencial, personal u organizacional.

Algunas de las características cotidianas de esta "cibertragedia" son:

• Buscar y encontrar fácilmente información de calidad.

• Clasificar y organizar la información de manera que después podamos volverla a encontrar y usar.

• Entender y evaluar rápidamente la información.

• Identificar y separar la información útil de la que es "basura".

• Tomar decisiones que se sientan apoyadas por buena y suficiente información.

Igual que con el analfabetismo que conocemos, ante la tecnología no es suficiente saber leer y escribir. Es necesario entender la información que consumimos y, aún más difícil, usarla para tomar decisiones.

Contaminación informativa

Mientras los líderes de las empresas de telecomunicaciones y de informática parecieran continuar desenfocados en las necesidades reales y auténticamente prácticas de sus mercados, los internautas también tenemos una cuota importante de responsabilidad ante la red, igual que la que tenemos ante el ambiente. De la misma manera que generamos contaminación ambiental, con un alto precio para la calidad de nuestras vidas, muchas veces producimos basura informativa, con un precio igualmente alto para la calidad de nuestras conexiones y comunicaciones, lo que también origina ansiedad y decepción.

¿Cuánta angustia nos produce recibir publicidad no solicitada en nuestro buzón de correo electrónico o las infames cadenas de mensajes del tipo 'hágase rico sin hacer nada'?

De la misma forma que contaminamos el correo electrónico de otros y originamos la preocupación de correos por procesar, congestionamos los canales de telecomunicaciones con data e información inútil. Lo que trae como consecuencia que en muchos casos tengamos que sobrevivir a conexiones extremadamente lentas.

Así pues, al igual que conducir un automóvil en la vida real implica conciencia y responsabilidad con los demás conductores, en la superautopista de la información también tenemos que hacer permanentes consideraciones sobre los derechos de los demás.

Bajen el volumen

Los distinguidos profesores de la Universidad de Berkely, Hal Varian y Peter Lyman, en su estudio "How Much Information Report", señalan que el mundo está produciendo cada año 250 megabytes de información por cada hombre, mujer y niño sobre la tierra, y esta cantidad de información está creciendo a un promedio de 7.3 millones de páginas diarias.

Deberíamos tomar más en cuenta esta situación antes de producir un nuevo correo electrónico o una página web, así como la utilidad y la calidad de los mensajes mismos.

Creo que casi todo este volumen de información es intrascendente, pero las cifras restantes siguen siendo escalofriantes.

SEGUNDA PARTE
Sembrando prestigio público

¿Reputación virtual?

"Ese sitio web está rayado conmigo" es una de las expresiones comunes que resumen la imagen pública de un producto.

"La gente que vende esas computadoras está más rayada que un tigre" puede ser el equivalente a una "E" en las calificaciones académicas.

Este sistema gráfico para medir la reputación quizás sea muy superficial para los amantes de las estadísticas o los rigurosos informes ejecutivos, pero "la raya" es una marca simple que expresa una determinada cantidad de decepciones e insatisfacciones.

A veces las rayas salpican e Internet es un buen ejemplo. Basta que unos centenares de empresas no cumplan con sus promesas para que el resto de centenares de miles de emprendedores de negocios punto com, tengamos que cargar con parte de las rayas.

Empresas de naipes

Se ha desperdiciado mucho dinero en campañas publicitarias de imagen, dirigidas a crear la sensación de marcas poderosas en una industria que aún no se ha terminado de formar.

Parecía que lo más importante era que todo el mundo conociera el nombre del portal, sin importar que el 90% de los públicos donde se promocionaba el sitio ni siquiera tuvieran computadoras o acceso a Internet.

No hay duda de que las campañas han sido creativas e imponentes, y quizás llegaron a cumplir su objetivo. El público conoce bien unas marcas de portales, pero en muchos casos sus empresas ya no existen.

Cuando el *blof* ocurre con el capital de un millonario, se raya su reputación, pero cuando pasa con el dinero de miles de pequeños accionistas, caen al piso la confianza de los inversionistas, el precio de las acciones y la reputación de la economía digital.

El precio de la imagen

La frágil reputación de la publicidad en Internet no es culpa de la inversión publicitaria, sino de su ineficiencia. Si ese dinero para crear marcas en el aire se hubiera utilizado para tener clientes que generaran ingresos, la historia sería distinta.

Todos los que trabajamos en esta industria quedamos rayados porque apoyamos de una u otra forma la inversión de dinero en la eterna ilusión de la fortuna fácil e instantánea, inspirados por "la suerte" de quienes habían inventado el juego.

Probablemente algunos puedan justificar que había que invertir todo ese dinero en publicidad para "tomar posesión" de una porción del mercado. Pero las expectativas creadas no han sido satisfechas, y cada decepción ha generado una nueva raya.

El precio más justo de una imagen es el que equilibra la generación y la satisfacción de expectativas, de manera que esa imagen tenga bases sobre las cuales construir confianza.

Pobre e incomprendida tecnología

Al final, la tecnología está pagando los platos que otros rompieron. Pero ¿la tecnología es culpable porque no es perfecta? ¿De quién es la responsabilidad si nadie visita su página web y usted no vende nada a través de ella?

Si la tecnología no se usa adecuadamente hay que atenerse a las consecuencias. Si trata de destapar una botella de refresco con sus dientes hay probabilidades que lo haga, pero si pierde los molares en el intento no debería culpar a la chapa.

El hecho de que los aviones vuelen no quiere decir que la fuerza de gravedad haya desaparecido. Igualmente, la posibilidad de virtualizar algunos de los procesos de comunicación y venta de un negocio, no quiere decir que los negocios sean virtuales.

Hasta las empresas más automatizadas necesitan ladrillos y cemento desde donde atender a los clientes y llevar la administración del negocio. Y si el negocio crece, tendrán que contratar a empleados que ayuden.

La virtualización de la reputación

El mercado de usuarios de Internet en América Latina sigue creciendo sostenidamente. Poco a poco son más los empresarios y gerentes que están encontrando sus propias oportunidades para aprovechar las tecnologías de la información, como útiles herramientas de productividad.

Quizás a las grandes corporaciones aún les cueste un poco más pensar en pequeña escala y enfocarse 100% hacia la satisfacción del cliente, pero los empresarios que han levantado negocios productivos, sobrevivientes de los altibajos económicos, independientemente del tamaño de sus empresas, saben que la competitividad ante cada uno de sus clientes es la raíz de su rentabilidad.

Se ha cometido el error de pensar que lo más importante era crear la sensación de empresas atractivas para los inversionistas. Pero también se suele caer en el extremo contrario, pensar que lo importante es "la realidad" de la empresa y que la imagen viene después.

"Los extremos se tocan" dice el refranero popular y la reputación pública depende por igual, tanto de la gerencia y la integración de todas las comunicaciones, como de la coherencia entre palabras y hechos.

Si se virtualiza la reputación creando expectativas que no se satisfacen, más temprano que tarde, la opinión pública nos va a pasar la factura. Pero si nuestra reputación no refleja nuestra buena actuación, habremos cometido el error de ser malos comunicadores.

Confianza para comprar en línea

En la concepción de los comercios electrónicos, desde las tiendas más modestas hasta las más grandes, tiende a incurrirse en el error de sobrestimar la tecnología por encima de las necesidades de las personas.

Ofrecer la información o el servicio adecuado, para la persona adecuada, en el momento adecuado, sigue siendo uno de los retos más importantes para lograr la competitividad de una empresa y sus productos, dentro y fuera de la red.

Especialmente en los países menos desarrollados tecnológicamente, el comercio electrónico es una historia que apenas comienza y en donde todo está por ocurrir.

Confianza mínima para interactuar

La primera impresión que causan las tiendas electrónicas deja una huella importante en la percepción de los usuarios y tiene un impacto inmediato en sus ventas.

Por ejemplo, la percepción del riesgo de comprar a un buhonero está determinada, en primera instancia, por el valor del producto, lo que incluye la imagen de la marca. Por eso, nuestra actitud y confianza varía de un vendedor ambulante de lentes para el sol marca X a uno de relojes marca Rolex.

En las tiendas tradicionales ocurre lo mismo. La confianza del cliente refleja la imagen que percibe de la calidad del producto y la autenticidad de la tienda que lo vende.

Un buen ejemplo lo encontramos en la venta de teléfonos celulares. Los comerciantes saben que los clientes confían más en las marcas que le son familiares y, en consecuencia, en los comerciantes que las representan. Por eso vemos en la identificación de sus tiendas, un claro esfuerzo por aprovechar el valor de las marcas de las empresas telefónicas relacionadas y de las marcas de fabricantes de celulares.

Pero nuestras exigencias para confiar aumentan cuando nos ofrecen productos envueltos en tecnología, un elemento adicional sobre el cual tenemos poco conocimiento.

Esto explica, en parte, la enorme suspicacia de los internautas a la hora de hacer compras en Internet. Él sabe que va a pagar inmediatamente, pero le resulta un misterio cómo y cuándo le van a entregar su compra.

La confianza es la meta principal y los comercios electrónicos deben gerenciar su imagen para generarla, si no quieren tener la del vendedor ambulante de Rolex.

Quizás dentro de 5 años o más la industria esté consolidada, pero en estos momentos no es suficiente tener un excelente catálogo de productos (gráfico y tecnológico) para vender en Internet. Es indispensable que los internautas confíen plenamente en la tienda para darle los datos de su tarjeta de crédito.

Decisión de compra

Un comercio electrónico no debería ser solamente un canal para exhibir productos y ofrecer un determinado tipo de transacción en línea. La tienda virtual debe proponerse ofrecer al internauta una extraordinaria experiencia integral de compra, lo que incluye el catálogo de productos, el sistema de pago, el despacho y el servicio post-venta.

No es suficiente el mejor precio del mercado o producto si no se tiene una consistente estructura de navegación, en la cual el cliente no se pierda a la hora de pagar o abandone el proceso de pago porque no es sencillo, transparente y fácil, o no tenga toda la información que le es pertinente.

La tecnología de la tienda debería ser una herramienta orientada a facilitar la compra y a satisfacer las necesidades del cliente, combinando información inteligente sobre los productos, con testimonios de usuarios y mecanismos suficientes para que la tienda reciba retroalimentación.

Buena parte de la generación de compradores que se ha formado en las últimas dos décadas, nacieron con la tecnología debajo del brazo. Para ellos, Internet se ha estado convirtiendo en una rutina de vida y por eso son más exigentes.

Generadores de seguridad

Toda información que disminuya la incertidumbre de los clientes aumentará su disposición a comprar. Exhibir en el website información que genere seguridad en los internautas es una prioridad para los comercios electrónicos:

- Explique cómo funciona la tienda, cuáles son sus procedimientos de despacho.

- Destaque cuáles son las garantías de satisfacción que tienen los productos.

- No deje de mostrar una clara ''Política de Devoluciones'' y los respectivos procedimientos.

Este tipo de información contribuirá directamente con la imagen de la tienda y ayudará a que el internauta perciba que el comerciante está pensando realmente en sus clientes.

Si tiene alguna duda, visite la sección de preguntas frecuentes de los usuarios en el comercio electrónico que en la actualidad hace más ventas en la red, Amazon.com, y vea las dos preguntas que encabezan la lista: "¿Cuándo va a llegar mi orden?" "¿Cómo se hace para devolver un producto?"

Probablemente una tienda pequeña no dispone de los recursos tecnológicos más sofisticados para poder responder proactivamente este tipo de inquietudes, pero su supervivencia depende de que en el futuro sí pueda.

En cualquier caso, la gerencia de la tienda debe preparar las respuestas, porque estas preguntas son ineludibles.

Imagen virtual del comercio

Estas reflexiones evidencian la importancia y el valor de la imagen que una tienda electrónica genera en Internet y los aspectos de percepción que hacen la diferencia entre la vida y la muerte de un comercio electrónico. Pero las claves de las respuestas a estas inquietudes no están en recetas genéricas.

Cada proyecto de comercio electrónico debe tratar de conocer al máximo a sus clientes y comprender cuáles son los objetivos que ellos quieren satisfacer, al momento de comprar en una u otra tienda, y cómo aspiran lograr sus objetivos.

En cualquier caso, el punto de partida común en la actualidad es la construcción de la confianza, indispensable para comprar "virtualmente".

Importancia del registro de dominio

El dominio constituye la identidad única de su empresa o de su negocio en la red. Al registrar un dominio propio se obtienen las mejores condiciones para promover su página web como marca y como referencia concreta de un contenido específico. A la vez, contar con un dominio propio permite tener direcciones de correo electrónico de carácter corporativo.

La mejor relación Precio=Calidad en materiales
para la construcción y complementos.

Visítenos y compruebe porque PRECA le ofrece *Soluciones Constructivas.*

En Preca Barquisimeto
Seguridad y Calidad de Servicio

28-09-05. Durante el mes de septiembre estuvimos
realizando entrenamientos en función de la satisfacción de
nuestros clientes: la adecuada capacitación de nuestros
empleados. En tal sentido, con la asistencia de 18
participantes, en PRECA Barquisimeto se llevó a cabo una
charla-práctica sobre "Uso y Manejo de Extintores", dictada
por la empresa Servifuego, aprovechando la oportunidad de la
recarga de los equipos como actividad que sirvió de ejercicio
para apagar un simulacro de incendio. Por otra parte, los días
16 y 17 de septiembre se realizó el curso "Atención Efectiva
al Público y Calidad de Servicio Interno" dictado por Educonsult, el cual contó con la participación de
14 trabajadores y fue una excelente oportunidad para adquirir y reforzar conocimientos y habilidades
para la delicada labor de brindar cada día las "mejores soluciones constructivas" con la esmerada
atención que merecen nuestros clientes. En Preca, cada día reiteramos nuestro compromiso con el
desarrollo de destrezas que nos permitan mantener los estándares de eficiencia que nos caracterizan.

Toda información que ayude a disminuir la incertidumbre de los potenciales clientes aumentará su disposición a confiar en su empresa y a comprar sus productos. Por tal razón, exhibir en su sitio web información que genere seguridad en los internautas es una prioridad para todo aquel que busque hacer negocios a través de Internet. El caso de Preca.com.ve es un buen ejemplo de cómo tener siempre "a mano" los datos sobre la ubicación de su red de tiendas. Así los visitantes se forman una percepción de que están tratando con un negocio formal, que tiene lugares físicos de atención al cliente a los cuales acudir.

El significativo éxito del sistema de avisos clasificados de TuCarro.com en buena parte se basa en la confianza construida con cada cliente, tanto para vender su vehículo, como para consultar el mercado. Miles de personas han hecho un buen negocio a través de la página, se sienten satisfechas de cómo fueron atendidas por el personal de TuCarro.com y de los resultados de la publicación. En consecuencia, corren la voz. El prestigio del sitio web se basa en el fenómeno público de comunicación conocido como "el boca-a-boca" y está reforzado por las económicas etiquetas que circulan en la calle adheridas al vidrio del vehículo de quienes han utilizado los servicios de TuCarro.com.

El número de visitantes y usuarios del sitio web de la Clínica El Ávila aumentó considerablemente con el servicio "Retén Virtual", a través del cual los padres y familiares de los niños recién nacidos divulgan el nacimiento a través de postales virtuales, gracias a las cuales llegan nuevos internatutas a la página, que no hubieran llegado de manera espontánea. Lo que demuestra que mientras más protagonismo tengan los usuarios de un sitio web mayores seran las visitas y el buen prestigio del sitio.

Existen muchos sitios en Internet en donde es muy sencillo consultar la disponibilidad de un dominio. Uno de ellos es DomainTools.com, que además ofrece información abundante sobre la consulta. Entre otras cosas, el sitio indica cuándo un dominio ya registrado está a la venta, desde cuándo está funcionando, qué contenido ofrece, quién es el propietario y en dónde se encuentra.

Desde el punto de vista tecnológico, un dominio es una dirección numérica utilizada para identificar y localizar un determinado computador-servidor en Internet. Pero como los números son difíciles de recordar, se desarrolló la posibilidad de utilizar palabras y frases para identificar una dirección web.

Por ejemplo, cuando se escribe Cograf.com en un programa de navegación o se envía un correo electrónico a Cograf.com, el Sistema de Nombres de Dominio (Domain Name System, DNS) traduce Cograf.com en números IP (Protocolo de Internet), los cuales permiten la conexión.

Seleccionando el nombre del dominio

En la medida en que hay más dominios registrados en Internet, tener un adecuado nombre de dominio se hace tan importante como difícil. Así pues, éste es un aspecto crítico para todo aquel que considera que Internet tiene un peso relevante en su futuro.

Si el caso es que tiene un negocio que se llama "Restaurante Altamira", tiene muchas opciones de dominios que puede registrar. Estos son sólo algunos:

• RestauranteAltamira.com
• Restaurante-Altamira.com
• SuRestaurante.com

Es muy probable que la última opción (SuRestaurante.com), por ser muy genérica, ya esté registrada.

En general, mientras más corto sea el nombre de una marca es mejor, porque será más fácil de recordar y escribir, pero la disponibilidad es un aspecto crítico. De manera que vale la pena tener cierta flexibilidad al respecto, así como hay que tomar en cuenta que también es importante que el nombre del dominio sea comprensible y se pueda relacionar con el negocio.

Si su negocio está en Venezuela, quizás le interese (y esté disponible) el dominio SuRestaurante.com.ve. Así su dirección, aparte de identificarse con el sufijo del sector comercio, contiene la localidad geográfica del país en donde funciona el negocio. Por ejemplo, en Venezuela sería www.restaurantealtamira.com.ve.

Opciones de sufijos en los dominios

Para las páginas web de empresas y organizaciones sociales, para personas que prestan servicios profesionales o para una persona que simplemente quiere tener una página web, pueden considerar diferentes opciones.

Se debe considerar utilizar el sufijo ".com" para cualquier página web pero, en especial, para las que tienen un carácter privado y comercial. Hay otras opciones de sufijos para páginas de carácter comercial, pero el sufijo ".com" es el más conocido y por lo tanto el más fácil de recordar y de asociar con una página web.

Utilice el sufijo ".org" en el caso de las organizaciones sociales, como asociaciones civiles, fundaciones, gremios, etc.

Si necesita registrar un dominio que, adicionalmente, tenga el sufijo correspondiente a su país, como por ejemplo www.cograf.com.ve, en donde el "ve" corresponde a Venezuela, entonces debe ubicar la institución responsable de este nivel de registro de su país. En el caso de Venezuela es www.nic.ve.

Existen varios sitios en Internet en donde se puede consultar, gratuitamente y de una manera muy fácil, si un dominio está disponible.

Por ejemplo:
• www.networksolutions.com
• www.register.com
• www.godaddy.com
• www.domaintools.com
• www.daycohost.com

Está en juego la imagen del negocio

Se pueden utilizar sitios en Internet que ofrecen gratuitamente el servicio de hospedar una página web, pero la imagen de la empresa queda en juego, ya que se asigna un subdominio con raíz en el megasitio original. Estos servicios están dirigidos, principalmente, a páginas web personales.

Es lógico pensar que no se percibe de la misma manera si al presentar mi página web digo que es www.cograf.com a que si digo que es www.geocities.com / cograf. En el primer caso, es un dominio propio y en el segundo un subdominio o dominio de tercer nivel.

Por lo arriba descrito, hacemos hincapié en la importancia de tener un dominio propio, que identifique su empresa para poder contar con una base sobre la cual construir la imagen de su marca en la red.

Gerencia de expectativas

No son pocos los sitios en Internet que muestran interfaces "En construcción", o con *links* que no funcionan, o los portales que ofrecen contenidos desactualizados, o las empresas que venden productos y servicios tecnológicos medianamente terminados ¿Cuál puede ser su imagen de marca?

El usuario, internauta, no sin razón comentará: "Esta página web no sirve…"; "este contenido es obsoleto…"; "la conexión no sirve…"; "la computadora se cuelga a cada rato…"; "me engañaron…", como algunas de las expresiones de decepción sobre la tecnología utilizada, producto de las constantes experiencias negativas.

Atención a las necesidades

Quienes están dentro de las empresas de tecnología suelen preguntarse cómo se gerencia comunicacionalmente la imagen de sus marcas, entendiendo el cambio permanente de la tecnología.

La respuesta no es fácil, no debe existir una sola forma de abordar este reto que involucra especialmente a las áreas de mercadeo, publicidad y diseño de productos.

Las comunicaciones no pueden resolver problemas originados por la ineficiencia de los productos, pero el mercadeo, con creatividad e innovación puede aportar mucho en el diseño de productos, si sus mecanismos le permiten retroalimentar oportunamente a la empresa con las observaciones de sus clientes.

Se requiere que el mercadeo y la publicidad sea más de doble vía, e involucre más a las audiencias, si no se desea que la empresa se aísle y termine ofreciendo productos que no interpretan las verdaderas necesidades del mercado.

En muchos casos, es recomendable que el tono de la publicidad de tecnología sea más modesto y humilde.

Diferencias competitivas reales

Desde un punto de vista metodológico la imagen no se gerencia sino la identidad de una marca. La imagen es el resultado de un complejo proceso que contiene, entre otras cosas, nuestras comunicaciones y grados de coherencia, pero también incluye las de la competencia y el mercado.

La imagen que los clientes se forman de una marca suele ser una evaluación referencial, principalmente dada por la comparación con las marcas de productos similares. Así pues, la clave de la competitividad está centrada en las diferencias reales del producto. Por eso, para planificar o evaluar un sitio web es tan importante revisar, ampliamente, lo que hace la competencia.

Si no se hace la comparación, se termina con típicos enunciados publicitarios que tienen poca credibilidad: "líderes…" "pioneros…" "únicos…"

Cuando las personas tenían menos referencias era relativamente fácil, no había tantos compromisos al decir que uno era líder en una industria. Pero la globalización de la información nos permite tener mejores criterios para evaluar y creer en una marca que haga una afirmación así.

Investigue a fondo a su competencia y podrá encontrar mejores caminos para diferenciarse.

Respeto por los interlocutores

Las marcas comunican su identidad a través de muchos soportes formales, como la publicidad, sus empaques y sus símbolos gráficos. Sin embargo, las empresas comunican más mensajes en forma indirecta, a través de gestos corporativos e institucionales.

Tradicionales ejemplos de gestos de responsabilidad social son la contaminación industrial o la evasión de impuestos. Esto es similar a lo que ocurre en Internet, cuando encontramos contenidos, productos o servicios que tienen una funcionalidad deplorable.

En estos casos, la imagen de marca de las empresas involucradas transmite un determinado grado de respeto por los clientes, el cual se torna más o menos vulnerable, dependiendo de las expectativas que generan sus campañas publicitarias y la coherencia de sus actuaciones.

Pero el respeto a los clientes puede tener más poder de imagen. Cuando los clientes se sienten tratados permanentemente con respeto, son más proclives a perdonar errores corporativos en coyunturas difíciles o a aceptar algunas desventajas.

Por ejemplo, los usuarios podrían tolerar la lentitud de funcionamiento de un sitio web si su utilidad lo justifica.

La imagen nace en las expectativas

La gerencia de las expectativas está comprometida con la satisfacción cuantificable de los clientes y la notoriedad pública de una marca no se resuelve con una sobreoferta de supuestos atributos, que arriesgan la reputación.

Se generan expectativas con todo lo que se dice y con lo que se deja de decir, y así se incide en la imagen de marca que se obtiene.

La imagen que se forman los públicos sobre una marca es un proceso que nace en sus necesidades y expectativas. Por eso el error más frecuente en las estrategias de comunicación es ofrecer más beneficios de los que se pueden satisfacer.

En la gerencia de las expectativas, la práctica consistente del respeto a los clientes coincide con el punto óptimo de la atención al cliente. Gerenciar las expectativas en un sitio en Internet implica ofrecer a los internautas contenidos, servicios y productos que funcionen en forma real y no una promesa de funcionamiento.

Prestigio de un portal

Los medios de comunicación siempre tienen que determinar cuánto de su contenido va a ser local, cuánto global, cuánto original y cuánto será adquirido a terceros. Esta decisión es la base de la imagen que cada medio va a construir. Los canales de TV, las emisoras de radio, los periódicos, las revistas y todos los portales, compiten en calidad de contenido, encarando diariamente el reto de construir un estilo propio con consistencia y coherencia tangibles.

No se puede decir que hay una fórmula para armar el coctel ideal. Pero cualquiera que sea el camino elegido, sí se puede prever el tipo y las condiciones del mercado en el que se va a competir.

Enlatado vs. Originalidad

Discovery Channel transmite básicamente producciones de terceros, pero son de tan buena calidad y hay tan pocos canales haciendo lo mismo, que su prestigio público no está empañado por falta de originalidad.

Por su parte, los portales genéricos que compran noticias y contenidos "enlatados", o que unen forzosamente contenidos tan disímiles, tienen un estratégico problema de originalidad. ¿No cree que muchos sitios transmitiendo más o menos lo mismo atentan contra su propio prestigio?

Los portales horizontales están compitiendo más en la forma que en el fondo. Casi todos tienen contenidos muy similares y sus esfuerzos parecen más orientados hacia la tecnología que hacia la gente. Aunque sus campañas publicitarias digan lo contrario.

Es en este tipo de competencia donde cobra especial importancia la idiosincrasia local. Como referencia, tenemos la clásica competencia en el mercado venezolano de cigarrillos, entre la imagen de jóvenes saludables en la playa contra vaqueros solitarios en el desierto.

Contradicción estratégica

El contenido de los portales genéricos está inspirado por la estrategia de mantener a los usuarios la mayor cantidad de tiempo dentro del mismo portal. Esto, en principio, no es una mala idea, pero va en sentido contrario a dos de los pilares fundamentales de Internet: el hipervínculo entre sitios y la naturaleza interconectada en el funcionamiento de una red.

¿Por qué quedarse en un mismo sitio que tiene 15 secciones de contenido, pero que sólo 2 ó 3 son buenas? ¿Por qué no visitar sitios especializados con mejor información o con más información local, o con información más actualizada?

Desde el punto de vista de la imagen de marca, es preferible tener pocas secciones que justifiquen la visita frecuente de los usuarios, que muchas que sean vulnerables en una comparación con la competencia.

Los grandes portales regionales deberían estudiar mejores estrategias para proveerse de contenido especializado, con probada legitimidad local. En vez de tratar de competir en el terreno de los más grandes, los portales más pequeños, locales, deberían focalizar nichos específicos en los cuales especializarse y fortalecer su valor; sobre todo, si tienen negocios fuera de la red.

Retos de consistencia

La consistencia del contenido de los sitios en Internet genera credibilidad, respeto y confianza de sus usuarios. Presenciamos una industria en permanente cambio, que requiere tácticas de adaptación, pero también se necesitan sólidas bases estratégicas sobre las cuales construir marcas sólidamente posicionadas.

A pesar de los cambios tecnológicos, de los movimientos en la bolsa de valores y del sustancial aumento de la profundidad de su contenido en sus años de existencia, Yahoo no ha cambiado mucho su esencia de directorio, ni tampoco ha variado su minimalística identidad visual.

La consistencia de las definiciones iniciales de Yahoo se traduce en un enorme prestigio público, validado por sus millones de usuarios diarios que lo convierten en uno de los sitios más visitados y consultados de la red (ver: www.clickz.com/stats).

Suele ser difusa la percepción de las empresas que cambian de imagen o de productos con demasiada frecuencia. Además, tienden a tener una reputación corporativa muy vulnerable.

Expectativas de coherencia

Tal ha sido el manejo público que ha tenido el calificativo "portal", que al utilizarlo como definición formal de un sitio web automáticamente se generan muchas expectativas, sobre la extensión del contenido y los servicios.

Si ofrece contenido que le agrega valor a los usuarios y cataliza su decisión de compra, "La tienda del juguete" será percibida como más que una tienda. Pero si en cambio se declara como "El portal del entretenimiento" y su contenido es inferior al de los grandes portales de entretenimiento que hay en Internet, los usuarios dirán que se trata de un "portal mediocre".

Los ejemplos más frecuentes de incoherencia en Internet están encabezados por las interfaces que tienen la antipática aclaratoria "en construcción", seguidos de cerca por las innumerables secciones de sitios website que no tienen contenido y por los vergonzosos sitios que ofrecen novedades de hace uno o dos años atrás. Si no se tiene la capacidad de generar las 10 secciones de contenidos que se ofrecen, es mejor sólo tener 2 completas y no 8 buenas ideas incompletas.

En términos de imagen, la coherencia está en el hecho de ser lo que se dice que se es y cumplir con lo que se ofrece. Ofrecer menos y dar más es la manera más coherente de construir una buena reputación pública: gerenciando las expectativas de los interlocutores.

Si se revisan los sitios más visitados en Internet que aparecen en el reporte mensual del sitio de estadísticas www.clickz.com/stats, se puede comprobar que la consistencia y la calidad del contenido de un portal generan más imagen y usuarios que una deslumbrante apariencia visual.

Así pues, se puede decir que, independientemente de cuánto afecte lo que ocurra con el precio de las acciones de los grandes sitios en la red, todos los demás portales tienen el destino de su prestigio supeditado a la calidad, consistencia y coherencia de su contenido y a la forma como todo esto se gerencia en función de la imagen de marca que cada uno quiera construir.

La imagen es lo que queda

Debemos recordar que las estrategias y la gerencia de las marcas, cuando han sido bien definidas y ejecutadas, se traducen en marcas memorables, con valor de negocio.

Las marcas debidamente recordadas son respetadas, admiradas y deseadas por sus usuarios. Los empleados y accionistas que están detrás de ellas creen, confían y se sienten parte de ellas.

Además de comunicar y representar cualidades de un producto o una empresa, las buenas marcas son la base sobre la cual se generan más y nuevos negocios, llegándose a convertir en un activo financiero tangible.

Pero para que la gerencia de una marca sea negocio, se le presentan dos grandes retos: tener diferencias significativas de su competencia y ser consistentes, tanto de forma como de fondo.

Desde 1996 Auyantepui.com ha funcionado como un directorio de sitios web exclusivamente venezolanos. Al lado de Google.com o Yahoo.com, sus objetivos son sumamente modestos. Pero su ventaja competitiva es precisamente su focalización geográfica que hace que en un momento determinado un internauta prefiera las referencias "limitadas" de este sitio a la abrumadora cantidad de links ofrecidos por los otros. En todo caso, el foco en un nicho específico del mercado ha hecho que Auyantepui.com se encuentre entre las 5 marcas venezolanas relacionadas con Internet más recordadas, a una fracción del costo que han tenido que pagar otras marcas por resultados menores.

La imagen de abajo es la del nuevo home de Yahoo.com, lanzado con la delicadeza de preguntarle a los clientes qué les parece y brindándoles la opción de seguir utilizando la anterior (arriba). Las diferencias generales no son drásticas, pero en un medio interactivo, cambiar la posición de un botón puede ser muy traumático para el usuario y perjudicial para la imagen de la marca.

Acceder

Google

La Web   Imágenes   Grupos   Directorio   Noticias   más »

dominios   Búsqueda   Búsqueda Avanzada
                                                       Preferencias

Búsqueda: ◉ la Web ○ páginas en español ○ páginas de Venezuela

La Web   Resultados 1 - 10 de aproximadamente **14.200.000** de **dominios**. (0,10 segundos)

Enlaces patrocinados   Enlaces patrocinados

Dominios sólo 8,99€/año
www.abansys.com   Gestion DNS avanzada. Redirección gratuita. Registradores acreditados

Dominios en Venezuela
Caracashosting.com   Registro de **dominios** .com .net .org 100% seguridad y efectividad.

:: Dominios : HispaVista ::
Servicio de registro de **dominios** .com, .net, .org. y .info. Correo electrónico gratis asociado
a tu dominio, servicio gratuito de redirección y párking de ...
dominios.hispavista.com/ - 49k - En caché - Páginas similares

dominios .net : registro y alojamiento de dominios - dominios en ...
Servicios de registro de **dominios** incluyendo alojamiento web.
dominios.net/ - 18k - En caché - Páginas similares

Terra - Dominios
Bienvenido a Terra. > Portada
www.terra.es/dominios - 7k - En caché - Páginas similares

Registro de dominios 8,95 € con redirección y DNS gratis ...
Registro de **dominios** y redirección de URL y email.
www.doominio.com/ - 38k - En caché - Páginas similares

Hosting, registro de dominios, alojamiento web, servidores ...
Empresa dedicada a ofrecer servicios de hospedaje de páginas web, registro de **dominios** y
otros servicios ...
www.ansys.es/ - 16k - En caché - Páginas similares

::: DAYCOHOST | El Primer Data Center de Venezuela :::
Dominios · Correo Electrónico · Hospedaje Web · E-Marketing · Streaming · Áreas de
Servicio > Internet. **DOMINIOS**. Registre su nombre de dominio para ...
www.daycohost.com/categ.php?catid=98 - 20k - 12 Jul 2006 - En caché - Páginas similares

Nic Chile
Comenzó la inscripción de **dominios** IDN en .CL (21 de septiembre de 2005) ... Pague su
dominio (**dominios** en trámite y en renovación) ...
www.nic.cl/ - 15k - En caché - Páginas similares

NIC México: Registro de dominios .MX y Direcciones IP - [Traduzca esta página]
NIC México ofrece los servicios de registro de **dominios** .mx y servicios de presencia en
Internet, además de la asignación de direcciones IP
www.nic.mx/ - 17k - En caché - Páginas similares

Nominalia
Registrador directo de nombres de dominio en Internet

Enlaces patrocinados

Registro .es dominios
Registro libre de nombres .es
Registro rápido y fácil 18 .€
www.eurodns.com

Hosting para Webmasters
multidominios, recursos ilimitados
planes desde u$s10 - Garantía 100%
www.negociohost.com

dominios
¡Consigue tu dominio!
Cientos de miles de vendedores.
sedo.com

WEB Hosting Domain Design
Tu Web Fácil, Hospedaje Economicos
Dominios y Asesoria General
www.adonaiweb.com.ve

Ilimitados Dominios
Plan Reseller, ilimitados **Dominios**
ilimitados Emails
www.absarver.es

Hosting mas Dominio 1.50
Alojamiento de sitios web economico
hosting, diseño, promocion
www.comercialnetworks.com/

Más economico imposible
Por solo Bolivares 21.000 anuales
25MB con transferencia ilimitada
www.mh.com.ve

Registre .ES dominios
European Domain Centre
Protegiendo **Dominios** Empresariales
www.domain.es

Más enlaces patrocinados »

El caso de Google.com es muy interesante como fenómeno de opinión pública y de imagen de marca. En menos de 5 años se convirtió en uno de los sitios más utilizados en Internet y el que genera más rentabilidad, basado en un diseño gráfico minimalista, pero con una utilidad práctica reconocida alrededor del mundo. El sitio web no exhibe efectos gráficos especiales que no sean los que más satisfacen a los internautas: Velocidad de respuesta y pertinencia en el contenido.

Los Premios organizados por PCNews.com contienen muchos aprendizajes, explícitos e implícitos. Los internautas son los verdaderos protagonistas de las selecciones, y sus votos revelan las percepciones que hay en los diferentes segmentos del mercado de las tecnologías de información e Internet. Algunas empresas que participan no logran entender cómo es posible que no queden como finalistas después de las cuantiosas inversiones en publicidad e imagen que han hecho. Si el certamen se hiciera en la TV a lo mejor los resultados serían distintos. Pero la gente vota en estos premios por su percepción global de las marcas participantes y no sólo por lo que estas marcas dicen que son.

En otras palabras, no sólo hay que ser digno, hay que parecerlo y cacarearlo.

Lecciones de los Premios PC News

En los Premios PC News & Report 2000, dignamente organizados desde hace varios años en Venezuela y que son un reconocimiento de los clientes para la industria venezolana de la computación, encontramos muchas evidencias de la importancia de la imagen y las consecuencias de su gerencia.

En una medida importante, estos premios también comprueban que la imagen refleja la realidad para los clientes y los usuarios, que es, en definitiva, la que cuenta. La realidad para los usuarios se deriva de la consistencia de una marca entre lo que es y lo que dice que es.

En la categoría de PC's

En el año 2000 era relativamente predecible que Compaq ganara la categoría de computadores personales y no Hewlett-Packard.

Independientemente de cualquier juicio de valor sobre la "verdadera" calidad de los PC's, Compaq concentró con mucha agudeza el desarrollo de la imagen de su negocio alrededor de computadoras personales, para la oficina, el hogar o portátiles.

La esencia de todo su esfuerzo de mercadeo y publicidad se orientó fundamentalmente para que Compaq sea recordada como una marca de computadoras, con unos atributos específicos y la elección del público en la encuesta que sirve de base para el otorgamiento de los premios mencionados, así lo demuestra.

Por su parte, en el mismo año Hewlett-Packard no había dedicado los mismos esfuerzos para posicionarse como una marca de computadoras personales, pero sí hizo una inversión integral y consistente en el segmento de impresoras láser, categoría del Premio por la cual recibió el merecido reconocimiento de los usuarios.

Oracle y Microsoft

Con las marcas Oracle y Microsoft encontramos otro caso interesante. Por ejemplo, Microsoft tiene una sólida y positiva imagen en la mente de la mayoría de usuarios de sistemas operativos de PC's, que se ve reflejada en el otorgamiento del premio en esta categoría, pero todas las fortalezas de la marca Microsoft no son suficientes para tener el mejor posicionamiento en todos los segmentos del inmenso mercado del software.

Los manejadores de bases de datos son un segmento más específico y especializado, por lo cual los clientes tienen expectativas más definidas y sus referencias para valorar una marca son más puntuales.

Esto pareció entenderlo la empresa Oracle. En consecuencia desarrolló su imagen de marca en esa dirección y vio recompensados sus esfuerzos con la preferencia de los participantes en el mencionado Premio, en su respectiva categoría.

Comprando una imagen

Otro de los fenómenos aleccionadores en el Premio PC News & Report del año 2000, en cuanto a imagen de marca, es la ausencia del sitio web UOL Venezuela entre los finalistas en la categoría de portales.

El notorio volumen del esfuerzo publicitario que hizo esta marca en nuestro país, no se vio reflejado de ninguna manera entre las tres primeras selecciones de los internautas.

No sólo se demostró que la imagen de una marca no se compra fácilmente, "a realazos", sino que la gerencia de la imagen de una marca alrededor de un beneficio específico, como es el del correo gratuito, no es suficiente para tener una diferencia competitiva en la mente de los usuarios, en el saturado mercado de los portales.

Sin embargo, nada de esto significa que la marca UOL no tuviera oportunidades, todo lo contrario. La marca UOL tuvo fortalezas que necesitaban mejor tino gerencial para proyectar un posicionamiento más factible de lograr.

Sí se puede cambiar la imagen

Otro de los fenómenos interesantes es el de Cantv.net, que aunque no ganó el premio en la categoría de portales en aquella oportunidad, estuvo entre los tres finalistas. Hecho relevante, sobre todo después del giro que dio esta empresa con los contenidos de su portal.

Vale agregar también que Cantv.net quedó entre los finalistas, como reflejo del dividendo que da el tener una audaz estrategia de alianzas para el desarrollo de contenidos, con la que se transfirió el protagonismo a empresas y personas que tenían un compromiso real con esos contenidos, más allá de Internet.

Pero Cantv.net sólo había puesto sus esfuerzos publicitarios para posicionarse como marca con atributos tecnológicos, asociados a la velocidad y precios de conexión a Internet, lo cual hizo que fuera casi un milagro que apareciera como finalista en portales.

Finalmente, podemos decir que todos los premios otorgados a Cantv y Cantv.net indican que si los beneficios son específicos y tangibles para los clientes, la imagen de una marca en la mente de sus usuarios puede cambiar positivamente, y en corto plazo.

La imagen como negocio

Como entidad visual, la imagen de productos y empresas es una especie de cuenta de ahorros, en donde se depositan los aciertos y desaciertos de todas las acciones comunicacionales. Desde la identidad visual hasta la calidad de la atención y servicios al cliente, pasando por las comunicaciones corporativas y la publicidad, son depósitos en la imagen de las marcas.

La gerencia de todas y cada una de estas áreas es difícil en el caso de empresas con una amplia cartera de productos, pero más difícil aún cuando se trata de servicios, porque la inversión comunicacional, entendida integralmente, tiende a dispersarse y a polarizar la imagen de unos productos en detrimento de otros.

La definición de significados estratégicos de las marcas se ha vuelto un requerimiento competitivo indispensable y es en esta área donde hay más oportunidades de negocio para las marcas comentadas.

TERCERA PARTE
Expectativas de los clientes

¿Qué esperan los visitantes de un sitio web?

Hay muchas páginas web con efectos decorativos, pero muy pocas comunican un mensaje con claridad. La mayoría de las páginas están orientadas a demostrar los caprichos visuales de sus creadores y olvidan requerimientos básicos de comunicación, su fin último.

Las páginas web deberían ser elaboradas en función de lo que son (una fuente de información y un medio de comunicación) y no por lo que a muchos técnicos, programadores y diseñadores gráficos les gustaría que fueran (un medio parecido a la TV o tan técnicamente complicado como el circuito de un micro chip).

Muchas páginas web buscan captar la atención con animaciones y efectos visuales destellantes, pero esto termina espantando a los visitantes porque el computador se les pone lento, se les congela, o no tienen el programa especial para ver la animación.

Quienes navegan en Internet buscan satisfacer, principalmente, necesidades de información y comunicación. Por lo cual los internautas valoran más la claridad del contenido y su funcionalidad que cualquier efecto visual, por muy divertido e impresionante que parezca.

Por otro lado, la incomprensión de la naturaleza de la red no permite aceptar que el elemento más poderoso para captar la atención de los internautas de un sitio web, es la claridad del contenido y no los efectos visuales que son efectivos en otros medios.

Si algo hay que tomar en cuenta al momento de iniciar este tipo de proyectos es que Internet es tiempo de conexión, que a su vez impacta el bolsillo de los internautas, por lo que la gente siempre aspira a obtener el mayor beneficio posible (en cuanto a cantidad y calidad de información) al menor precio posible (tiempo invertido para obtenerla).

La gente quiere contenidos claros y bien estructurados

Cuando los internautas llegan a un sitio web por primera vez, suelen preguntarse: ¿Sobre qué es esta página web? ¿Cuál es su propósito? ¿Qué ofrece? ¿Para qué sirve? ¿Es un portal, una tienda electrónica, una página de presentación empresarial o una página con un servicio específico?

Sin embargo, las tres preguntas más importantes que hay en su mente, que se producen en los primeros segundos de interacción son:

• ¿Qué puedo hacer aquí?

• ¿Qué puedo obtener o ganar (especialmente si es gratuito)?

• ¿Qué tipo de información puedo conseguir en este sitio?

Después que el visitante tiene una idea del beneficio que puede obtener en un sitio web, instantáneamente se pregunta acerca del cómo conseguirlo y qué debe hacer para lograrlo.

El internauta aspira que el proceso de interacción con la página sea fácil y rápido; para lo cual espera encontrar estándares gráficos de navegación que le son familiares, porque están en los sitios web más confiables por su funcionalidad y los cuales visita con frecuencia.

La organización de la información

El otro aspecto crítico para que un internauta se sienta cómodo y satisfecho durante la navegación de un sitio web es la consistencia en la organización de la información.

El contenido y las diferentes secciones de un sitio web deben ser presentados uniformemente, porque es el único recurso disponible para que el visitante pueda saber en qué parte de la página se encuentra y cómo puede llegar hasta otra parte de su interés.

Con todos estos recursos de comunicación el visitante encontrará una página que le sirve de guía práctica para ubicarse rápidamente, comprender el contenido del sitio y conseguir fácilmente lo que está buscando.

Algunas recomendaciones concretas

En Internet se lee como si se hiciera un "barrido" (*scan*) en busca de palabras y frases claves:

• Los textos necesitan títulos y subtítulos. Estos son los primeros que leen los internautas.

• Presentar servicios y productos requiere tener nombres precisos de los mismos.

• Presente los productos y servicios poniendo el énfasis en los beneficios para el cliente y no en las características técnicas.

• Los documentos extensos necesitan breves sumarios que den una idea de su contenido.

• Use oraciones cortas.

• Trate de exponer una sola idea por párrafo.

• Trate que los párrafos sean lo más breve posibles.

• Separe los párrafos con un espacio en blanco, que sirve de pausa en la lectura, parecida a la que da el "punto y aparte".

• Cuando sea posible, puntualice los textos (como esta lista de recomendaciones concretas).

En el mundo de los impresos se dice que una imagen puede decir más que 100 palabras, pero vale la pena leer los resultados del Standfor Poynter Project (www.poynter.org/eyetrack2000), para comprender que en Internet las palabras determinan lo que hacen los internautas.

Los internautas están más pendientes de las palabras y los mensajes explícitos que de las imágenes, porque indican la acción y orientan la interactividad de manera directa y con menos riesgos de error.

Frustración por tecnologías inaccesibles

Una gran cantidad de páginas web asumen que la tecnología es lo más importante en Internet y la evidencia es el uso excesivo de los efectos especiales y la animación indiscriminada de los objetos gráficos, sin tomar en consideración la importancia real de los mismos para el usuario y su navegación.

Parece que hay más preocupación por tratar de impresionar a los internautas con la tecnología que con el contenido de las páginas web. De igual forma pareciera no importar si los sitios están "en construcción" o si sus contenidos están obsoletos.

Inclusive, se tiende a no valorar si al usuario se le cuelga su computadora tratando de entrar a la página, y a veces se busca obligarlo a adaptarse, cuando se le presentan mensajes del tipo "Debería tener montado tal o cual programa".

Pero la experiencia de no poder navegar una página supuestamente accesible, es una frustración que genera una imagen muy negativa.

Desde lo más simple

La frustración de los internautas al navegar las páginas web comienza con aspectos muy básicos. Por ejemplo, si la página está "en construcción", es preferible no promocionarla ni registrarla en ninguna parte.

"En construcción" en un sitio web es como si un restaurante ofreciera en su menú un plato que no tiene…También produce una imagen negativa hacer click sobre un botón que dice "Noticias" y llegar a una interfaz "En construcción" o que tiene dos noticias desactualizadas y que ahora no tienen importancia.

Es mejor no ofrecer una sección de contenido en una página web, hasta tanto no se tiene la seguridad de poder brindar la información que se ofrece.

Por otro lado, hay que tratar de preservar el uso del color azul en los textos que implican *links* hacia otros textos o interfaces. Los links en azul son como el verde, el amarillo y el rojo de los semáforos. Son un estándar en la interacción, que ayuda al usuario en la velocidad de respuesta.

Si se cambian los estándares de herramientas tan elementales se genera confusión y desconcierto en los usuarios. Es lo que suele ocurrir con los semáforos cuyas luces están dispuestas en forma horizontal.

Advertencias odiosas

La frustración es mayor cuando tratamos de navegar en un sitio web que requiere que tengamos instalado en el computador programas especiales que, obviamente, no tenemos.

Las típicas barreras que se le presentan al internauta:

• "Esta página web se ve mejor con tal o cual programa de navegación".

• "Esta página web se ve mejor si usa tal o cual tamaño de pantalla".

• "Se necesita tal programa para poder ver bien esta página web o este contenido".

Estos mensajes parecen subestimar lo difícil que puede ser navegar en Internet y lograr que los internautas visiten una página web. De lo contrario ¿por qué se le ponen condiciones al internauta?

Si para ver un sitio web se establece un requerimiento tecnológico adicional al promedio, se cohíbe y se auyenta a los visitantes que tanto nos costó llevar hasta el inicio de nuestro sitio. Los internautas se preguntan "¿por qué debo tomarme el tiempo y el riesgo de agregar un programa especial a mi computadora?". Y la imagen que se forma de la página web es predecible: "¿Qué se habrán creído?"

La mayoría de los usuarios no sabe instalar un programa en su computador y tiene miedo de que ese nuevo programa no sea compatible con su sistema o que le genere problemas que no tiene.

A menos que se tenga un sitio web "exclusivo" y que la estrategia de negocio supone descartar explícitamente a los clientes que no cumplan con ciertos requisitos tecnológicos, en un mercado masivo como Internet no se justifica obligar a los clientes a adaptarse a sus condiciones.

La importancia de los estándares

Consulte usted mismo las estadísticas sobre los sitios web más visitados y utilizados en todo el mundo en www.clickz.com/stats. Dese cuenta que es en estos sitios donde los internautas invierten la mayor parte de su tiempo navegando en Internet. En ellos se forman sus expectativas sobre interactividad y funcionamiento.

La gran mayoría de los visitantes de un sitio web esperan la mayor velocidad de respuesta al momento de mostrarse gráficamente las interfaces, la mayor facilidad de navegación posible y la organización de la información de la manera más simple. Esto se logra cuando los sitios web tienen parámetros de funcionamientos similares a los de los sitios más navegados como Google.com, Yahoo.com o Msn.com, entre otros. En Empléate.com este concepto se aplica concentrando el contenido en ofrecer la promesa básica del sitio: Ofertas de empleo y un amplio mercado de talento.

No son pocos los sitios web que le ponen inexplicables "barreras de uso" a los visitantes, con requerimientos tecnológicos especiales o pasos innecesarios para llegar a una información. En este sentido, el enfoque de Atinar.com.ve es diferente: Ofrece ir al grano de cada información desde el inicio del sitio web. Así le ahorra tiempo al internauta y hace que la experiencia de interacción sea sencilla y fluída.

> CONCURSO DE **Creatividad Educativa**
> SOBRE **Capa de Ozono**
>
> > Concurso
> > Sinopsis
> > Seleccionados
> > Premiados
> > Regístrese
> > Contáctenos
> > Home
>
> Para estimular y apoyar a los docentes cuyos proyectos sean seleccionados como ganadores, el Fondo de Reconversión Industrial (FONDOIN) entregará:
>
> · Computadoras portátiles a los primeros 4 mejores proyectos.
>
> · Computadoras de escritorio para los segundos 6 mejores proyectos.
>
> ## Gracias a todos los participantes que nos han enviado sus propuestas de sinopsis.
>
> Estamos muy satisfechos con la receptividad que ha tenido este concurso entre las comunidades educativas en todo el país, y por la cantidad de participantes.
>
> **Lista de Premiados.**
>
> El Fondo de Reconversión Industrial (FONDOIN) y la Universidad Tecnológica del Centro (UNITEC) unen esfuerzos institucionales para sembrar conciencia ambientalista, e invitan a los docentes venezolanos a participar con su creatividad en este concurso académico.
>
> La protección de la capa de ozono también es un gran reto educativo para el país. Por ello nos planteamos difundir su importancia entre maestros y comunidades educativas: actores claves para la siembra de una conciencia ciudadana más ambientalista.
>
> La realización de un concurso de creatividad educativa con alcance nacional busca potenciar las iniciativas docentes existentes y estimular el diseño y la puesta en práctica de nuevas acciones de enseñanza y aprendizaje en las escuelas de Venezuela.
>
> Este concurso está concebido para que sea promovido entre las comunidades educativas en todo el país, pero especialmente dirigido a la participación de los docentes de niveles Preescolar, Básica y Ciclo Diversificado y Profesional.
>
> Lee los detalles del proceso del concurso.

CreatividadEducativa.org es una experiencia de participación en un concurso de carácter social, cuyo proceso se canaliza principalmente a través de la página web, para lo cual es indispensable que ésta presente la información con mucha claridad y sea muy fácil de navegar.

Amazon.com ofrece muchos ejemplos de transferencia de protagonismo a sus vistantes y clientes, que pueden ser aplicados por pequeñas y medianas empresas. Por ejemplo, los clientes opinan sobre los productos (bien o mal) y les dan una puntuación que resulta útil a otros potenciales compradores. Otra lección paradigmática de Amazon.com es el hecho de que en la información detallada de sus productos muestran también otras tiendas que ofrecen lo mismo a menor precio. Ellos saben que a la hora de tomar una decisión de compra los internautas (y todos los clientes) hacen comparaciones... ¿Por qué no ahorrales tiempo?

Si los internautas visitan la mayor parte de su tiempo sitios que no utilizan programas especiales, que responden muy rápidamente y en donde hay un mínimo de elementos gráficos de navegación, es lógico que estas características se conviertan en los estándares que los usuarios esperan conseguir en otros sitios.

En otras palabras, si no se desea que la página se perciba como inaccesible, es indispensable tomar en cuenta las características estándares de navegación y no se le debe hacer la vida imposible a los visitantes de la página con exigencias tecnológicas injustificadas.

Es muy probable que en el futuro haya más usuarios equipados con computadoras más poderosas, con todos los programas que hace falta para ver mejor ciertos recursos visuales presentes en muchas páginas web. Pero, mientras la navegación de un sitio no sea fácil, rápida y simple, el internauta vivirá una frustración tecnológica que se traducirá en pérdida de la confianza y el interés para volver a visitar esa página web.

Compromisos tecnológicos

Muchas empresas cuyos ejes de negocio, de una u otra forma, tienen raíces en la red, porque tienen productos, servicios o portales, parecen subestimar el impacto de la imagen negativa que la tecnología puede producir cuando no satisface a los usuarios.

Son enormes las expectativas de confort y calidad de vida que generan las campañas de mercadeo y publicidad de las empresas tecnológicas, sobre sus productos milagrosos.

El riesgo de frustración y decepción del mercado es directamente proporcional a esas expectativas. La tecnología tiene importantes compromisos con sus usuarios quienes esperan que los beneficios no sean virtuales.

El tiempo es de los clientes

En los últimos 10 años los segmentos de consumidores de tecnología hemos experimentado cambios sustantivos. La globalización nos ha traído más opciones a la hora de seleccionar un servicio y nos ha dado más acceso a fuentes de información que nos permiten tomar mejores decisiones de compra.

Éstas son sólo algunas de las razones por las cuales somos más exigentes con nuestro tiempo. Cuando interactuamos con empresas que parecen no comprenderlo, nos formamos una imagen negativa sobre ellas.

¿Qué puede sentir una persona que llama por teléfono a un centro de atención al cliente, si después de 5 ó 10 minutos interactuando con un robot, debe esperar otros 2 ó 5 minutos más, "porque nuestros ejecutivos aún se encuentran ocupados", y para poder hablar con alguien muy cortésmente le dicen que "debe volver a llamar pero a otro departamento"?

La sensación es similar a la que se experimenta cuando uno envía un correo electrónico a las direcciones de contacto que ofrecen las compañías en sus páginas web y no recibe respuesta nunca o la recibe 3 semanas después.

Esfuerzos contraproducentes

Las empresas escupen hacia arriba cuando gastan una fortuna en publicidad para convencer al público de que tienen el mejor chat o el mejor correo gratuito, las últimas noticias o que brindan un extraordinario servicio al cliente a través de la web y que después el mismo público constate que no es verdad.

¿Cuántos presidentes de compañías llaman frecuentemente a sus centros de atención al cliente? ¿Cuántos presidentes de empresas utilizan sus centros de soporte técnico o las garantías de sus productos? ¿Cuántos mandan correos electrónicos a sus propias compañías solicitando servicios?

Estoy seguro de que se gerenciaría mejor la imagen de estas empresas, si sus altos ejecutivos experimentaran con mucha más frecuencia las decepciones tecnológicas que vivimos los clientes comunes, asumieran una posición más crítica con respecto a sus propios productos y un discurso más responsablemente modesto.

Por supuesto, es indispensable mucha humildad al respecto, si no, es posible presenciar a un gerente o vendedor haciendo una demostración de su teléfono de acceso inalámbrico a Internet y después de un par de eternos minutos de fallidos intentos oírlo declarar: "bueno, cuando esto funciona se hacen unas cosas maravillosas".

La perspectiva del respeto

Si sólo se considerara el tamaño de la inversión publicitaria que se debe hacer para recobrar credibilidad y buena reputación, seguramente se invertirían de una manera distinta los cuantiosos recursos comunicacionales para generar expectativas que de antemano se sabe que no se pueden satisfacer.

Es en este punto donde comienza el escabroso proceso de irrespeto hacia los clientes y en donde comienza a evidenciarse la ausencia de estrategias de imagen, tanto en el sector privado como en el público.

Y si no fuera así, los humoristas de todos los medios no tendrían tanta fuente de inspiración para canalizar la terapia y la factura colectiva al irrespeto cotidiano.

El problema no se resuelve con la filosofía barata del "dale a tus clientes lo que te gustaría que te dieran a ti". Esto supone que se tiene el mismo gusto de los clientes y la sola suposición es también un irrespeto.

Cumplir lo que se ofrece, ofrecer menos de lo que se tiene y dar lo que se está esperando o un poco más, siguen siendo las bases para construir una buena imagen dentro o fuera de Internet.

En países donde los clientes han sido históricamente ultrajados por falta de justicia para los consumidores o deficientes mecanismos de procompetencia, la teoría del valor agregado suele quedar grande. Simplemente, honrar los compromisos básicos puede ser una poderosa estrategia de imagen.

Al final del día, la imagen que el consumidor de tecnología se forma en su mente, se basa en los logros y beneficios experimentados, multiplicados por el respeto o irrespeto intrínseco en la campaña que lo llevó a comprar una tecnología determinada.

Mala interpretación de la virtualidad

He tenido la oportunidad de compartir esta inquietud con muchos colegas empresarios, de pequeñas y medianas empresas (PyME). Se debe ver con preocupación la cantidad de secciones de páginas web que ofrecen información y servicios que no tienen, sin mencionar los *links* que no funcionan, también conocidos como "links rotos".

Muchos emprendedores de proyectos en Internet piensan que es suficiente un enunciado sobre el contenido que se tendrá y ha sido mucha la mala imagen que se ha generado sobre la red por las interfaces de páginas web que aún muestran aclaratorias infames del tipo "En construcción".

Es curioso que se vea tan a menudo esta situación en la red, porque no es muy frecuente en los negocios fuera de línea. Es difícil imaginar que un empresario monte un supermercado o una zapatería y exhiba toscamente escasos productos. Por el contrario, los comerciantes se esmeran en abrumar de opciones a sus clientes respecto a sus negocios. ¿Cuáles son las razones para no hacerlo igual en Internet?

Una buena referencia de mala interpretación de la virtualidad de Internet, se encuentra en la siempre presente pregunta que se hacen los empresarios "¿cómo se hace dinero en Internet?", para la cual no hay una respuesta más responsable que "igual que fuera de Internet".

Expectativas básicas

Independientemente de la encarnizada competencia por productos y servicios relacionados con Internet y tecnologías de información, los usuarios tenemos expectativas muy básicas. Por ejemplo:

- Que las llamadas por celular funcionen de verdad, o que la conexión a Internet no se caiga.

- Que nos respondan los correos electrónicos, que el sistema operativo no se cuelgue, que sea rápida la velocidad de conexión a la red, que las páginas web no demoren tanto.

- Que los programas no tengan tantos errores, que podamos conseguir una información rápidamente.

- Que no nos perdamos navegando una página, que los programas de navegación no se corrompan tanto.

- Que las empresas tengan sitios con suficiente información sobre ellas, que nos contesten rápidamente en los Centros de Atención al Cliente.

- Que nos den buen soporte técnico, que nos enseñen a manejar los equipos que nos venden y que los equipos tengan precios accesibles.

En Internet hay mucha buena imagen por construir, comenzando por cumplir los compromisos tecnológicos que se asumen.

Los sensatos profesionales y ejecutivos que en este momento piensan en ¿cómo gerenciar la imagen de marca en los casos de innovación tecnológica, que por definición están llenos de incertidumbre? deberían considerar que la franqueza al comunicar inteligentemente el estado real de sus productos, puede convertirse en un poderoso atributo corporativo.

Los usuarios son los protagonistas

Si el éxito de una empresa ".com" depende de una amplia cartera de leales visitantes del sitio web, es indispensable transferir a los usuarios tanto protagonismo como el que tienen los mismos propietarios de la página web y que el sitio cuente con los mecanismos concretos a través de los cuales los usuarios realizan contribuciones reales al contenido.

En consecuencia, quienes tratan de hacer negocios sustentables en Internet no deberían pensar tanto en términos de "mi página web", sino que deberían dedicarse a crear contenidos y herramientas tecnológicas que faciliten la formación de comunidades de internautas; emulando rasgos propios de la red, como lo son la amplitud de acceso y un alto grado de vinculación con el resto del mundo.

Audiencias virtuales de beneficios tangibles

Los usuarios en Internet no están todo el tiempo en todas partes, ni tampoco deben ser considerados segmentos pasivos de curiosos, sino verdaderas audiencias. Los cibernautas son atraídos a la Internet, principalmente, por sitios que le ofrecen espacios de participación y beneficios tangibles y no tan virtuales como algunos creen.

Directorios como Yahoo.com (internacional) o Auyantepui.com (venezolano), han sido pioneros en la transferencia de protagonismo hacia los usuarios. Han sido espacios en donde los internautas han tenido la oportunidad de registrar y promocionar gratuitamente sus websites personales, de empresas o instituciones y cuentan con recursos que facilitan su organización, clasificación y búsqueda.

Es el mismo tipo de protagonismo que experimentan los usuarios en los sistemas de avisos clasificados (MercadoLibre.com) o el de subastas (Ebay.com). La iniciativa y la palabra la tienen los internautas, vendiendo y comprando distintas clases de productos y constituyendo comunidades de "pequeñas" transacciones.

Que ellos se roben el show

¿Quiénes son los auténticos generadores del contenido de estos sitios? O quizás más importante aún ¿de quién es el contenido que tiene más valor en estos websites?

Habrá quien diga, sin que le falte razón, que la banda musical, la tecnología de sonido y la gerencia del espectáculo que están detrás de Ricky Martin, Shakira, Birtney Spears, tienen un papel fundamental en el éxito de estos productos. Pero de lo que no hay duda es que la marca que se posiciona en el mercado es la del nombre del artista.

Las páginas web en donde el show se lo roban los usuarios generan el tipo de experiencia que constituye la base de la lealtad hacia las marcas, dentro y fuera de la red. Los internautas sienten como suyos esos websites, los defienden apasionadamente, los recomiendan a otros usuarios y llegan a mostrar con orgullo una franela que indica que son parte de esas marcas.

Cuando llegamos a este punto se puede decir que se ha cosechado el debido *branding*, en cuanto a la gerencia integral de todos los procesos relacionados con la imagen de una marca.

Los usuarios participan

Los internautas también hacen un "solo" (como en el jazz) cuando tienen oportunidad de publicar instantáneamente su opinión sobre un libro y asignarle una puntuación en sitios como Amazon.com, en donde se han estado construyendo comunidades de usuarios desde sus inicios.

Otro buen ejemplo de la transferencia de protagonismo lo es el espacio que tienen los autores de los libros que se venden en Amazon.com, para opinar sobre sus propias obras. Un recurso significativamente importante cuando hablamos de una tienda con millones de libros, cuyos autores representan un potencial de millones de internautas.

Similar protagonismo es el que tienen lo usuarios en sitios de postales electrónicas como Postales.com, Egreetings.com. Las postales no son un objetivo en sí mismas, sino un recurso que le permite a los internautas comunicar muchos de los mensajes que se envían a través del correo electrónico, pero con más singularidad y personalidad.

Otros ejemplos interesantes en donde los cibernautas tienen un papel estelar en la generación de contenidos y comunidades, es en las encuestas on-line, las carteleras de mensajes electrónicos, los sistemas de puntuación de productos o de "envíele esta noticia a un amigo", y más recientemente en los Blogs.

En todos estos casos, la iniciativa y la última palabra la tienen los usuarios, quienes generan contenidos "gratuitamente".

En el proceso de transferencia de protagonismo y generación de comunidades, los dueños de las páginas web involucradas proveen los recursos tecnológicos que dan viabilidad a esta estrategia y permiten a los internautas experimentar de manera concreta diferentes clases y niveles de participación.

Buena parte del valor que se percibe de una marca en Internet está determinado por la amplitud de su funcionamiento y su capacidad para nutrirse del aporte de los usuarios. Entre otras cosas, la imagen de las marcas en Internet tiene que ver con lo que se puede hacer con o en ella.

Tecnología para que los clientes participen

A la hora de definir la orientación de los recursos y desarrollos tecnológicos que se requieren en un sitio web, debe tomarse en cuenta cuáles son los mecanismos concretos de participación que se les está dando a los usuarios para que generen directamente contenidos en el mismo instante en que están conectados.

Estos mecanismos deben ser simples de usar y deben tener la menor cantidad de requerimientos para los internautas. Prácticamente deberían funcionar de manera similar a los procesadores de palabras.

No se debe olvidar que la velocidad y el volumen de crecimiento de las redes y las comunidades de usuarios de un website es inversamente proporcional a la complejidad de los sistemas que se requieren para ser parte de ellas.

La transferencia de protagonismo a los usuarios de la red es un principio que puede ayudar a establecer adecuadas estrategias de desarrollo de contenidos, comunidades, de imagen de marcas y de orientación tecnológica. En otras palabras, se podría decir que mientras mayor sea el protagonismo que se transfiera a los usuarios en un sitio en la red, mayor será la recordación, el posicionamiento y la lealtad hacia la marca.

Generar audiencias y comunidades

Usando la metáfora de la "superautopista de la información", podría pensarse que las audiencias son todos esos flujos de vehículos yendo y viniendo de destinos virtualizados, aparentemente impulsados por el combustible de la curiosidad.

Pero más allá de esta curiosidad, Internet es un poderoso e incomparable canal global de acceso a información y servicios que permite mejorar la calidad de vida de las personas, independientemente de sus culturas y orígenes.

Es válido afirmar que las audiencias no sólo están allí, fisgoneando el espacio y las vitrinas virtuales de la red, sino que buscan oportunidades reales para ser parte de una comunidad en donde expresarse y realizarse.

¿Qué quieren las ciber-audiencias?

En Internet los hábitos y características de navegación de los usuarios revelan estilos de vida, aspiraciones y motivaciones, pero también explican por qué surgen intereses comunes en audiencias con perfiles sociográficos distintos.

Vale la pena nombrar las cuatros (4) funciones que han estado y seguirán atrayendo a los grandes volúmenes de cibernautas:

1. Data inteligente: Información altamente procesada y fácil de usar. Ejemplos: Los buscadores, directorios, catálogos de productos y servicios financieros.

2. Participación: Espacios y herramientas para la libre expresión individual o colectiva. Ejemplos: El correo electrónico, los foros de discusión y los chat.

3. Comodidad: En términos de calidad de vida, individual o colectiva. Ejemplos: Los diferentes catálogos de productos y los servicios de banca electrónica.

4. Realización: Personal, profesional o de negocios. Ejemplos: Internet como biblioteca virtual y los distintos mecanismos de comunicación personal.

Es inútil tratar de establecer una nítida frontera entre estas funciones, porque todas son necesidades interrelacionadas y propias de los seres humanos, independientemente de sus diferencias culturales o de origen.

Segmentación temática

Basados en la condición informativa de todos los contenidos de la red, el criterio temático parece ser el más consistente para la segmentación de las audiencias de cibernautas.

Es el sentido temático y subtemático el que podemos apreciar en las categorías iniciales bajo las cuales se organizó Yahoo.com en la primera mitad de la década de los 90, como directorio de páginas web y que ha perdurado hasta el presente, casi sin modificaciones.

Por ejemplo, bajo "Computación e Internet" se organizan los websites relacionados con los subtemas Recursos, Diseño Web, Desarrollo, ISP, Adiestramiento, Servicio, etc, y bajo "Negocios y Economía" encontramos Bancos, Bienes Raíces, Petróleo, Construcción, Publicidad, etc.

Este criterio temático no es una innovación en sí misma, sino la expresión de técnicas de bibliotecología y la consolidación de una vieja tendencia comercial, que valora más a los segmentos de mercado por cómo actúan que por sus características sociográficas.

Nacen las comunidades

Tomemos por ejemplo el tema "Construcción", agrupado formalmente en casi todos los directorios en Internet bajo "Negocios y Economía", que a su vez incluye "Bienes y Raíces" pero excluye "Arquitectura", que está bajo "Arte y Cultura".

Esto quiere decir que alrededor del tema de la construcción existen distintas audiencias conformadas por distintos tipos de usuarios, pero éstos pueden encontrarse en websites que caticen y promuevan el intercambio de intereses específicos. Por esta vía, es predecible que estas audiencias terminen interactuando entre ellas y se constituyan en comunidades generadoras de negocios, como ya ocurre en la vida *off-line*.

La diferencia más importante que la red detona es que reduce las distancias físicas, el tiempo y el acceso para que estas audiencias interactúen y evolucionen a comunidades. Entonces, ¿en estas condiciones quién gana? Quien estimule mejor la constitución de comunidades.

Sólo después de encontrar consistentemente contenidos que satisfagan alguna o varias de sus necesidades, las ciber-audiencias evolucionan junto a los mismos contenidos y llegan a constituirse en comunidades que interactúan alrededor de áreas temáticas e intereses comunes.

En otras palabras, si desea tener una amplia cartera de usuarios que visiten una y otra vez su website, es indispensable, primero, establecer los espacios y mecanismos a través de los cuales los usuarios hacen contribuciones reales de contenido que se reflejan claramente en el website, y segundo, promover la generación dinámica de contenidos, transfiriéndole a los usuarios tanto protagonismo como el que tienen los entes responsables del website.

Comunidades que generan rentabilidad

Para que las audiencias tal como existen (más o menos pasivas) puedan constituirse en comunidades que generen negocios en Internet, en cualquiera que sea el área temática, el proceso requiere de tres condiciones indispensables:

1. Espacios web que sirvan de plataforma para la interacción y el intercambio real, entre los mismos usuarios y/o con los generadores del contenido de la página.

2. Mecanismos para que los usuarios también sean generadores de contenido y/o determinen el desarrollo y la evolución de los mismos.

3. Compromiso operativo con el sentido de red (abierta y flexible), fundamentada en alianzas y asociaciones que generen contenidos.

Hay que advertir a quienes piensen que para instalar una tienda electrónica no necesitan de comunidades. Una de las primeras cosas que se riegan "boca-a-boca" en la red es la experiencia concreta que tienen los usuarios cuando compran en una tienda electrónica.

Los cibernautas quedan marcados por las facilidades o dificultades de navegación en una tienda, si las ofertas son pertinentes o no, si el despacho de los productos es rápido o lento, caro o barato, y más aún, si los productos efectivamente llegan o no.

No debe subestimarse la fuerza que tiene el intercambio básico de información entre las comunidades en Internet en el nivel de reputación de un sitio web, sea de información, servicios o tienda.

En ejemplo contundente es el caso de Empléate.com. Durante el primer año de existencia de la marca sólo fue un boletín electrónico que se distribuía a través de un simple e-mail, sin mucha sofisticación tecnológica detrás.

El boletín contenía un resumen de las ofertas de empleo que estaban en ciertos periódicos, presentadas en un orden equilibrado y consistente.

El primer envío se hizo a unas 300 direcciones de correo electrónico que formaban parte de la lista de conocidos o "Capital de Amigos".

El contenido del boletín resultó tan útil y oportuno, que al cabo de un año había 8 mil destinatarios suscritos, debido principalmente a la recomendación boca-a-boca que realizaron los primeros 300, y que produjo una cadena de recomendaciones.

Un año después del primer boletín, cuando se hizo el lanzamiento del sitio web, el mismo nació con una importante cantidad de usuarios habituales del boletín. Ello significó una base de arranque mucho más sólida que si hubiera comenzado desde cero.

CUARTA PARTE
Importancia del contenido

El valor del contenido en un sitio Web

"La gente es la diferencia", se ha convertido en un enunciado popular cuando se habla de competitividad en la economía moderna. Básicamente, porque la intangibilidad de los servicios sólo puede valorarse gracias a la calidad de la atención con la cual se prestan.

Por esta razón, cuando los clientes llegan a cualquier comercio (físico) esperan que la calidad del servicio se exprese, en primera instancia, en la calidad de la información que les da quien los atiende y en su velocidad de respuesta.

Exactamente lo mismo pasa en Internet, pero con la diferencia de que los clientes interactúan con la empresa a través del contenido de su sitio web o del contenido de sus correos electrónicos, sin verle la cara a quien los escribió.

En tal sentido, la calidad de la información que la empresa ofrece en Internet, sobre las ventajas de sus productos o servicios, es el único factor que compensa o no la interacción cara-a-cara a la que los clientes están acostumbrados en las tiendas tradicionales.

La calidad del contenido es el rostro de la empresa

Los clientes saben cuando el representante de una empresa realmente sabe acerca de lo que habla. Su mensaje corporal transmite la seguridad y la autenticidad necesarias para que el cliente le crea.

Los clientes se dan cuenta fácilmente de cuando los representantes de la empresa dan información como robots, acartonadamente, o mensajes aprendidos de memoria, porque no perciben indicios (por parte del representante) de tratar de comprender las necesidades específicas del cliente.

En Internet pasa lo mismo con los lugares comunes que usan las empresas para promocionarse corporativamente, o para ofrecer sus productos o servicios. "Somos líderes", "somos innovadores" y "somos pioneros" son mensajes que los clientes perciben igualmente como poco creíbles y estereotipados, porque los dicen casi todos los negocios por igual y no transmiten ningún valor diferencial.

El cuidado que la empresa le da a la información que transmite a través de Internet (y también fuera de la red) constituye, en buena medida, su rostro. Con este esfuerzo su negocio transmite su grado de compromiso con la atención que le da a sus clientes.

En otras palabras, si el contenido informativo en sus correos electrónicos de carácter comercial o en el sitio web de su empresa es vago, incompleto, o lleno de lugares comunes, la imagen de su negocio saldrá perjudicada.

El valor del contenido es la pertinencia para el cliente

Si desea evaluar la calidad de la información que su empresa ofrece, revise el grado de pertinencia que tiene para los clientes, haciéndose preguntas como:

- ¿Hay suficiente información sobre todos los beneficios que obtienen los clientes o la información que prevalece es acerca de las características de los productos y servicios?

- ¿La información está redactada en los términos que normalmente utilizan los clientes o en los términos que normalmente emplea el personal de la empresa?

- ¿Se ofrece suficiente información colateral de utilidad y que ayude a que los clientes "se aclaren mejor" sobre lo que están buscando y tomen una decisión de compra?

Por lo general, la información de venta de las empresas (grandes y pequeñas) pone mucho más énfasis en las características de lo que venden, que en todos los beneficios para los clientes. En Internet también abunda este enfoque de mercadeo.

Los internautas quieren información objetiva, que les sirva para comparar productos y los ayude a decidir qué les conviene más.

La importancia de la calidad de la información

En Internet el ejemplo lo dan sitios enormes como Amazon.com, en donde las ventas dependen extensamente de la cantidad de información pertinente que se ofrece alrededor de cada producto o servicio que está en venta.

La información colateral de valor para los clientes de Amazon.com va desde las estrellas que los clientes le otorgan a un determinado producto, hasta las opiniones de los clientes sobre un producto, sin importar que en muchos casos sean contradictorias.

Resulta un buen ejemplo de mercadeo cruzado la referencia informativa que ofrece Amazon.com cuando usted va a comprar un libro o una película. En el mismo espacio le indica cuáles otros productos compraron otros clientes que también compraron lo que usted está consultando. De esa manera, usted es estimulado a considerar otras potenciales compras que hicieron personas con gustos similares a los suyos.

La calidad de información es aún más importante que los medios de pago. Si su producto o servicio encaja en las necesidades específicas de los clientes, estos buscarán la forma de pagar para obtener lo que quieren.

Tal es el caso de sitios web como TuSuerte.com, en donde el sistema de pago no es el más cómodo para los clientes. Para suscribirse al servicio, el interesado debe hacer un depósito bancario y después debe regresar al sitio web para suministrar el número de la planilla de depósito, de manera que pueda validarse. Sólo después de esto la empresa le da acceso al servicio.

Otros casos tienen que ver con sitios web de empresas que apoyan el mercadeo de su negocio ofreciendo suficiente información, como para que los clientes potenciales se entusiasmen a contactarlos. Ejemplos: HotelAguamarina.com.ve, Valenpas.com o Caboven.com.

Sin embargo, muchos técnicos piensan que el contenido de un sitio web es un asunto de programación y muchos diseñadores gráficos creen que es un asunto de estética. Pero el diseño y la programación necesitan un enfoque editorial, tomando en cuenta, entre otros aspectos, la pertinencia de pensar en la calidad de información en términos reales y de redacción.

El contenido de su página web es el que determinará que los clientes se motiven a contactar su empresa y quieran hacer negocios con usted.

¿Trampas de la tecnología?

Las tecnologías de información están basadas en la promesa de facilitar y agilizar procesos, incrementar la productividad y reducir los costos. Pero todos los casos en donde no se honra esta promesa tienen en común la subestimación del factor humano más importante: la calidad del contenido.

Cuando la calidad de la información en su sitio web es baja, la reputación de su empresa se perjudica.

Es increíble como en la inmensa mayoría de los sitios web de índole comercial se pone más énfasis en la apariencia visual de las interfaces, que en la calidad de sus palabras; es decir, que en lo que dicen de sí misma como empresa y la calidad de la información sobre sus productos y servicios.

Pareciera que quienes manejan los negocios que tienen estos sitios web, recargados de inútiles efectos visuales, piensan que deslumbrar a los clientes es más importante que conectarse correctamente con sus necesidades para poder ofrecerles soluciones pertinentes que los satisfagan.

Qué pasa con las palabras

El éxito de un sitio web está determinado por la calidad de la información que publica. La buena navegación en Internet depende de las palabras. "Las palabras hacen la diferencia", son lo más importante. La organización del contenido de un sitio web se traduce en palabras que permiten a los visitantes identificar y diferenciar una sección de otra.

Cuando no llegamos al sitio que estamos buscando o cuando nos sentimos perdidos porque no logramos encontrar una información determinada, en buena medida se debe al uso inadecuado de las palabras.

Los directorios y buscadores en Internet dependen de las palabras que hay en el sitio web para ofrecerle buenos resultados a las personas que están buscando una determinada información, quienes a su vez realizan su búsqueda utilizando palabras.

Si todo esto es así, ¿por qué el tratamiento de la información es tan pobre en los sitios web de tantas empresas? ¿Por qué casi todos los negocios usan tantos lugares comunes sobre su liderazgo e innovación para tratar de llamar la atención, en vez de orientarse hacia la satisfacción de las necesidades de información de sus clientes?

La tecnología no hace el contenido

Los beneficios de las tecnologías de información se derrumban cuando se llega al punto de la generación del contenido, porque éste depende de factores humanos que no se comprenden con facilidad.

Por ejemplo, grandes escritores hispanoamericanos, como Jorge Luis Borges o Gabriel García Márquez, no necesitaron computadores supersónicos, ni sofisticados programas procesadores de palabras para escribir sus obras.

Así mismo, nadie se convierte automáticamente en diseñador gráfico porque pueda usar un procesador de palabras con innumerables recursos visuales, o porque tenga a su alcance los programas más avanzados para el apoyo al diseño gráfico.

La incomprensión de "la importancia del contenido"

La información comercial en el sitio web de una empresa no es nada si no hay una claridad de las ideas a comunicar, si no hay capacidad y habilidades de comunicación y si no hay personalidad y estilo propios.

El buen contenido en un sitio web comercial requiere que la empresa tenga habilidades de comunicación que no se obtienen de la noche a la mañana; la orientación inadecuada del uso de la tecnología, lejos de ayudar, puede impedir que esas habilidades se desarrollen.

Pero la incomprensión que hay en los niveles gerenciales de las empresas sobre estos aspectos es tan grande, que las preocupaciones y decisiones están más orientadas a buscar programas que generen contenidos o mecanismos automatizados para resolver estas necesidades.

La tecnología no puede organizar y estructurar por usted la información sobre su negocio. Alguien debe escribir todos los mensajes que usted considera primordiales para mercadear sus productos y servicios. Si esto no se hace bien, el resultado puede ser contraproducente.

Registrarse Entrar

artículo | discusión | editar | historial

Wikipedia

Para más información sobre Wikipedia, véase Wikipedia:Acerca de.

Wikipedia es una enciclopedia libre multilingüe basada en la tecnología wiki. Wikipedia se escribe de forma colaborativa por voluntarios, permitiendo que la gran mayoría de los artículos sean modificados por cualquier persona con acceso mediante un navegador web. El proyecto comenzó el 15 de enero de 2001, fundada por Jimbo Wales y Larry Sanger como complemento de la enciclopedia escrita por expertos *Nupedia*. Ahora depende de la fundación sin ánimo de lucro Wikimedia Foundation. Wikipedia tiene más de 3.800.000 artículos, incluyendo más de 1.100.000 en su edición en inglés, y a finales de febrero de 2006 alcanzó la cifra de 1.000.000 de usuarios registrados. Desde su concepción, Wikipedia no sólo ha ganado en popularidad[1] sino que su éxito ha propiciado la aparición de proyectos hermanos. Existe, sin embargo, controversia sobre su fiabilidad.[2] En este sentido, la revista científica Nature declaró a la Wikipedia en inglés casi tan exacta como la *enciclopedia Britannica* en artículos científicos.[3] [4]

Los medios de comunicación y la comunidad científica citan a Wikipedia, algunas veces de manera crítica, otras ensalzándola por su carácter de libre distribución, mejora constante, y multifacética, no sin mencionar su naturaleza multilingüe. A menudo no es citada como fuente única, sino como fuente informativa complementaria.

Wikipedia está editada en más de 229 idiomas[5], de las cuales solamente 137 están activas (mayo de 2006). Quince ediciones superan los 50.000 artículos: inglés, alemán, francés, japonés, polaco, italiano, sueco, danés, portugués, español, chino, ruso, finés, noruego y Esperanto. La versión en alemán ha sido distribuida en DVD-ROM, y se tiene la intención de hacer una versión inglesa en DVD y en papel. Muchas de sus otras ediciones han sido replicadas a través de

WIKIPEDIA
La enciclopedia libre

navegación
- Portada
- Portal de la comunidad
- Actualidad
- Cambios recientes
- Página aleatoria
- Ayuda
- Donativos

buscar

(Ir) (Buscar)

herramientas
- Lo que enlaza aquí
- Cambios en enlazadas
- Subir archivo
- Páginas especiales
- Versión para imprimir
- Enlace permanente
- Citar este artículo

otros idiomas
- Afrikaans
- Alemannisch
- [አማርኛ]
- Aragonés
- Anglo-Saxon
- العربية
- Asturianu
- Aymar
- Žemaitėška
- Беларуская
- Български

Wikipedia

Idioma	Multilingüe
Fecha de creación	15 de enero de 2001
Artículos	4.389.110
Usuarios registrados	2.824.574
Páginas totales	12.011.770
Ficheros locales	966.960

Wikipedia.com es uno de los mejores ejemplos en el mundo del potencial que tiene la colaboración de los internautas para crear contenidos. Se trata de una enciclopedia multilengua, que funciona desde el año 2001 y que diariamente se alimenta del protagonismo directo de más de 1 millón de personas registradas.

El punto de partida para desarrollar apropiadamente el contenido de un sitio web tiene dos componentes claves: La definición de los objetivos del sitio y la comprensión del público objetivo. Un ejemplo de ello es el caso del Museo de los Niños de Caracas, cuyo sitio web está orientado a promocionar las actividades institucionales entre un público de adultos y maestros, quienes en definitiva toman la decisión de llevar a los niños al Museo (MaravillosaRealidad.com). Por su parte, el público infantil cuenta con una alternativa diferente de página (Curiosikid.com), cuyo contenido está orientado al entretenimiento basado en experimentos educativos.

Los "blogs" son otro impactante fenómeno editorial en Internet. Se basan en una tecnología que permite a un usuario desarrollar un sitio web, en donde escribe periódicamente sobre cualquier tema, como una especie de diario personal, con el cual otras personas tienen la posibilidad de interactuar como una comunidad que comparte diversos formatos de información (textos, fotos, videos, etc.) Ahí está la tecnología, al alcance de la mano. Blogger.com es uno de los sitios que gratuitamente permiten crear un blog. Pero será la calidad del contenido, en términos de información, redacción, volumen y pertinencia lo que determinará su éxito.

Además de sus credenciales corporativas o institucionales, las empresas tienen la oportunidad de mostrar ejemplos de sus trabajos y clientes, como una manera de ayudar a que los visitantes de su sitio web puedan hacer tangible la calidad de atención que podrían recibir. Esto es parte del propósito de la página de esta empresa de arquitectura y construcción (adgd.com.ve).

Una manera que puede ayudar a abordar mejor los retos del contenido es pensar en los clientes de su página web como lectores.

Contenidos orientados por el mercado

Quienes tratan de hacer negocios sustentables en Internet no deberían pensar en términos de "mi página web", sino fomentar la formación de comunidades en las cuales los usuarios son como el "yin" y el website es el "yan".

¿Qué fue (es) primero?

Para que existan negocios en Internet es indispensable que primero existan los usuarios del sitio; no hay otro camino. Detrás de ellos están los otros actores: la tecnología, las transacciones y los bienes de intercambio.

Aunque parezca obvio, son muchos los casos de fracaso en Internet en donde los negocios y las tecnologías se han antepuesto a los usuarios, en atención a la naturaleza virtual de la red, la cual erróneamente supone la condición ubicua de los cibernautas.

Los cibernautas son atraídos, principalmente, por sitios en Internet que le ofrecen en distintas medidas y conjuntamente o por separado: información procesada, espacios de participación, comodidad y realización.

Los portales deben construir primero suficiente buena reputación y confiabilidad alrededor de estas funciones y sólo después, bastante después, vienen las oportunidades para el comercio electrónico en cualquier nivel (b2c ó b2b).

Por supuesto, los negocios fuera de la web que tienen un sólido prestigio tienen ventajas, pero este beneficio no representa ninguna garantía de éxito en la web.

Se está reconstruyendo la confianza

Siendo Internet (entre muchas otras cosas), una nueva instancia para las interrelaciones sociales y económicas, en donde se han generado nuevos paradigmas físicos, ofrecer contenidos realmente orientados por las necesidades del mercado es el primer paso de cualquiera que pretenda hacer negocios en la red.

Estos contenidos, generados con una participación protagónica de los usuarios, son la base para la constitución de comunidades dinamizadoras de negocios. Así pues, los contenidos orientados por el mercado son el eje de la confianza que se requiere para el funcionamiento real de una nueva economía.

Por eso, las empresas y negocios existentes antes de Internet necesitan demostrar ante sus mismas audiencias que también tienen competitividad para ofrecer en la red data inteligente, espacios de participación y calidad de vida.

Como metáfora podemos decir, que los contenidos orientados por el mercado son el tipo de pasto fresco que atrae al volumen de usuarios que se requieren para arrastrar una carreta rentable de negocios, en Internet.

Las palabras hacen la diferencia

El contenido informativo de las páginas web comerciales (de empresas pequeñas o grandes) es lo que determina su efectividad como herramienta de mercadeo y publicidad del negocio.

Ofrecer información de excelente calidad continúa siendo el reto más grande y costoso para quienes buscan aprovechar Internet como un recurso de mercadeo y venta.

Las empresas no están configuradas para que les sea fácil generar buena información escrita sobre sus negocios. Independientemente de que una manera ejecutiva de solucionar esta necesidad es contratando ayuda profesional para ello.

Pero esto no es obvio para el empresario y gerente que no se ha dado cuenta del valor del contenido de sus comunicaciones.

Es mejor caminar antes de correr

Igualmente, para tener éxito con una página web, es importante acumular experiencia directa del esfuerzo e ir expandiéndose de acuerdo con sus propios aprendizajes, sin importar los cuentos de hadas de otros, ya que cada mercado tiene sus propias condiciones y cada empresa tiene sus propias necesidades.

En otras palabras, quizás usted sueñe con tener un sitio web con ciertas características y servicios, pero es importante tener un mínimo de conocimiento de su verdadero potencial, para poder avanzar con más certeza y seguridad.

Resulta igualmente beneficioso comenzar un sitio web sin pretender cubrir desde el inicio todo el potencial de los contenidos, previendo el tiempo necesario para tomar en cuenta las opiniones y comentarios de los clientes. Ellos ayudan mejor que nadie a que el contenido vaya evolucionando en el sentido que tendrá más probabilidades de utilidad y éxito.

Tratar de hacerlo todo desde un principio puede resultar muy costoso en cuanto a tiempo y dinero. Así que el plan del sitio web debe incluir el aprendizaje sistematizado que resalta de la retroalimentación que dan los internautas, y no se debe conformar sólo con la intuición de lo que uno cree que le va a gustar a la gente.

De cualquier forma, un sitio en Internet (una página web) debe ser visto como un espacio y una herramienta dinámica de mercadeo, que debe tener la suficiente flexibilidad para adaptarse y crecer de acuerdo con sus necesidades específicas.

QUINTA PARTE
Estimulando nuevos negocios

Una herramienta de ventas

Muchos empresarios sienten la inquietud de si Internet tiene la suficiente madurez como mercado, como para que su empresa comience a tener presencia con un sitio web y con el correo electrónico.

Para un empresario que está al frente de un negocio pequeño o mediano (PyME), la adecuada combinación de la conexión a Internet, correo electrónico y página web, puede darle un gran apoyo a la gestión comercial de su empresa.

La conexión a Internet brinda acceso a páginas web y servicios en los que puede investigar sobre las tendencias e innovaciones en su área de negocios, sobre lo que está haciendo su competencia, sobre sus opciones de proveedores y sobre lo que están haciendo o necesitando sus clientes.

Si se tratara sólo de vender productos, en términos de transacciones económicas inmediatas, la inquietud podría ser pertinente. Pero si las ventas se entienden como un proceso de interacción continua con los clientes, que requiere de comunicación permanente, entonces Internet es hoy una herramienta de mucha utilidad.

Así como la conexión a Internet es para el empresario una poderosa herramienta de investigación de mercado y de aprendizaje permanente, el correo electrónico, por su parte, le permite reforzar y mejorar todas sus comunicaciones de negocio con su equipo de trabajo, proveedores y clientes.

Un recurso básico de promoción

Una página web es un espacio en la red para presentar todos los aspectos formales de un negocio, debidamente integrados en un mensaje único, que transmita consistencia y que a su vez venda a la empresa.

Si usted ya tiene un pequeño negocio y está acostumbrado a mantener un volumen de clientes, gracias a que lo recomiendan boca-a-boca, o simplemente no quiere tener más clientes de los que puede atender, o no desea contratar a más empleados, quizás no necesite una página web.

Pero, un sitio en Internet puede ser una importante herramienta de mercadeo para pequeñas o medianas empresas (PyMEs) o para cualquier tipo de comercio y servicios profesionales, siempre y cuando la página incluya:

- Un apropiado nombre/dominio (www.elnombredelapagina.com), suficientemente relacionado con su negocio.

- La dirección completa del negocio en cada interfaz del sitio web: ciudad, país, código postal, números telefónicos, fax y direcciones electrónicas.

- El horario de trabajo y de atención a los clientes y el tiempo estimado de respuesta a los correos electrónicos.

- Una clara descripción de lo que el negocio le ofrece a sus clientes, que transmita las ventajas frente a la competencia.

Un sitio web es un excelente recurso de mercadeo para:

- Ayudar a sus clientes a encontrar dónde está su oficina, su tienda, su número de teléfono, fax o la dirección de su correo electrónico.

- Persuadir a sus potenciales clientes de que usted tiene los productos o servicios más convenientes para ellos.

- Ofrecer en venta sus productos o servicios, independientemente de que los clientes deban llamarlo por teléfono o visitar su empresa para comprarlos.

El que una empresa o negocio cuente con una página web le permite, entre otras cosas, tener una especie de folleto virtual para presentar los aspectos esenciales del negocio: descripción detallada de sus productos y servicios con sus beneficios; cuáles son las ventajas del servicio de su empresa con respecto a su mercado específico; cómo trabaja, cuáles son sus recursos; quiénes han sido sus clientes; quiénes constituyen el equipo humano de su empresa.

Por supuesto, también se puede ofrecer noticias relacionadas con el negocio y prestar servicios de comercio electrónico.

Sin embargo, un empresario que está comenzando a tener presencia en Internet puede implementar todo esto de acuerdo con sus necesidades y posibilidades específicas, sin tener que hacer una gran inversión inicial.

Una oportunidad especial para el mercadeo

Ante las necesidades de mercadeo y publicidad, las empresas por lo general se enfrentan a la compleja situación de tener la necesidad de decir mucho pero con pocos recursos, poco tiempo y en un espacio reducido.

Cualquier campaña o pieza publicitaria, de cualquier tipo o tamaño de empresa, puede ser apoyada con mucha eficacia con abundante información adicional y detallada en la página web, lo que ayudaría a los clientes a tomar una decisión de compra.

Si se logra este objetivo de ayuda, entonces el cliente:

- Considerará útil la información que consiguió en su página web.

- Valorará mejor la página web y estará más propenso a recomendarla a otros potenciales clientes.

- Percibirá una diferencia beneficiosa en la empresa que está detrás de la información.

- Tendrá una actitud más favorable hacia esa empresa, sus productos y servicios.

Recuerde que la publicidad en Internet ha estado bajo la lupa de publicistas y anunciantes, quienes debaten sobre la efectividad de la red como canal de publicidad comercial.

Entre los argumentos en contra se destaca el bajo porcentaje de clicks que reciben los anuncios publicitarios en las páginas web y el rechazo decidido que los usuarios le dan a los mensajes publicitarios no esperados en sus correos electrónicos.

Sin embargo, el inmenso desarrollo en todo el mundo de los anuncios de textos que promueven Google.com o Yahoo.com demuestran fehacientemente lo contrario: Si la publicidad en Internet tiene el mensaje correcto, para la persona correcta y aparecen en el momento y lugar correcto, pueden llegar a ser poderosamente efectivos.

Es vital ir acumulando experiencia

Para tener éxito con una página web, es importante acumular experiencia directa del esfuerzo de hacerla, e ir expandiéndose de acuerdo con sus propios aprendizajes, ya que cada mercado y empresa tiene sus propias condiciones y necesidades.

En otras palabras, quizás usted sueñe con tener un sitio web con ciertas características y servicios, pero es importante tener un mínimo de experiencia práctica sobre su verdadero potencial, que le permita ir avanzando con más certeza y seguridad.

Los costos de la inversión tecnológica

Las tendencias son irreversibles. El costo actual de equipos como una computadora personal, es sustancialmente inferior al de hace apenas 5 años. Aunque un poco más lento y menos sustancial, lo mismo ha estado ocurriendo con el software y las telecomunicaciones.

Cada vez hay más opciones para que los empresarios y comerciantes de cualquier tipo de negocio le saquen provecho a los diferentes servicios tecnológicos que ofrece Internet.

No se necesitan grandes equipos para el acceso mínimo a Internet, sólo una computadora personal con módem y una conexión telefónica. También se puede ir hasta el cibercafé o centro de navegación más cercano y por muy poco dinero conectarse a Internet y tener una dirección de correo electrónico.

También es importante saber que no hay que gastar una fortuna para tener una buena página web. Dos o cuatro interfaces pueden ser suficiente para promocionar su negocio de una manera profesional y eficiente.

Con la estandarización de los programas de construcción de páginas web y la demanda del mercado, son muchas las empresas que ofrecen servicios de diseño y desarrollo rápidos, económicos y de buena calidad.

"Quiero una página web interactiva"

En un sitio web para niños, sea de educación o de entretenimiento, la interactividad puede llegar a tener un valor didáctico determinante o puede ser el elemento clave que mantenga la atención de su visitante.

En un sitio web de avisos clasificados como TuCarro.com, o de ofertas de empleo y currícula como Empléate.com, o un directorio como Auyantepui.com, la interactividad es vital y su importancia es 100% funcional: debe ayudar a los visitantes a encontrar la información que están buscando de una manera fácil y rápida.

En todos estos casos, la interactividad es una condición del contenido de la página, que ayuda a lograr los objetivos del visitante y no simplemente se trata de una característica tecnológica con la cual el contenido tiene "movimiento".

En otras palabras, no es el movimiento que se puede lograr con diferentes recursos tecnológicos lo que le da interactividad a un sitio en Internet. La interactividad es una característica de fondo, relacionada con el sentido y el propósito del contenido y no un aspecto de forma.

Interactividad empresarial y comercial

De una u otra forma, las empresas deben promover sus negocios en función de sostener o aumentar sus ventas. Esa promoción no debe ser otra cosa que un proceso permanente de interacción con los clientes, nuevos o existentes.

Básicamente, la empresa interactúa con sus clientes atendiendo sus solicitudes con información sobre sus productos o servicios y sobre sí misma, bien sea en forma directa, personalizada, cara a cara, o a través de otros medios de comunicación.

En este sentido, puede decirse que la calidad e intensidad de la interacción de las empresas son directamente proporcional a su vocación y capacidad de comunicación con sus clientes. Esto es especialmente importante en un sitio web comercial, donde hay que compensar virtualmente con información escrita la atención cara a cara de los clientes.

También se podría decir que en la práctica las empresas que más y mejor interactúan con sus clientes son aquellas que se comunican más sistemáticamente, en forma periódica y con calidad profesional de la

La empresa Planisalud ofrece diversos servicios de salud a través de planes prepagados y parte de su estrategia de mercadeo incluye la utilización de su página web (Planisalud.com) como una herramienta de presentación corporativa para comenzar a divulgar los productos de la empresa, como una manera de estimular que los potenciales clientes interactúen solicitando más información, bien sea a través de un correo electrónico o llamando por teléfono.

Para una empresa constructora que está vendiendo un proyecto inmobiliario (como MultioficinasConex.com), un sitio web resulta un medio muy práctico y económico para publicar los avances de la obra, como una condición necesaria en el plan de mercadeo para que potenciales clientes tengan más confianza y credibilidad en la oferta.

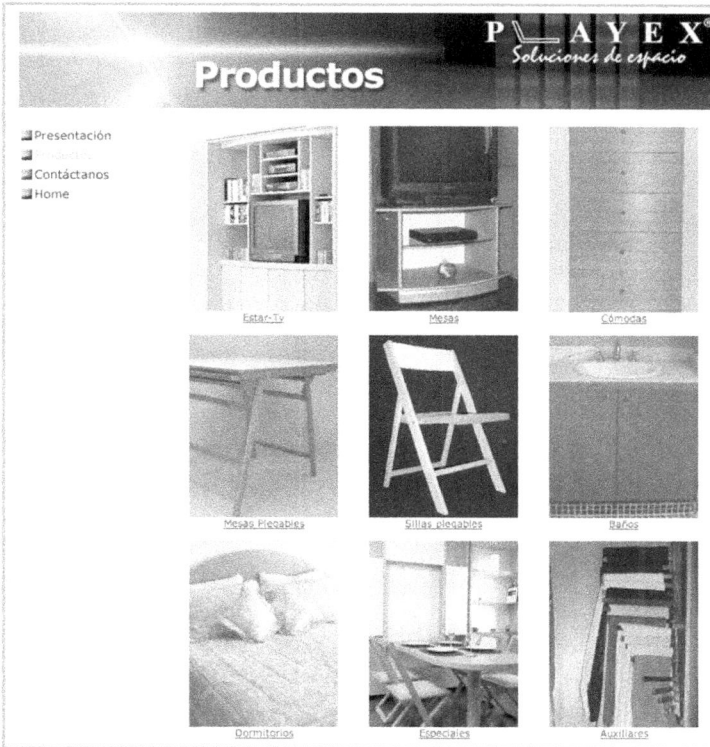

Si una empresa pequeña o mediana quisiera contar con una herramienta de mercadeo como un catálogo impreso de sus productos, tendría que hacer una inversión mucho mayor que la que debe hacer para que su sitio web lo incluya. Además, el costo que tiene mantener actualizada la información sobre los productos también es menor en Internet. Vea una buena muestra de este tipo de esfuerzo en PlayexDesign.com.

Cualquier empresa, de cualquier área comercial o tamaño, puede apoyar sus esfuerzos de mercadeo y ventas con mucha eficacia ofreciendo en su sitio web abundante información sobre sus productos, lo que ayuda mucho a los clientes a tomar decisiones de compra. Es parte de lo que hace una imprenta como GraficasAcea.com con la amplia muestra de sus trabajos, la cual le ayuda a comunicar el nivel de calidad de sus productos y los diferentes clientes a quienes prestan servicios.

información que suministran, independientemente de los diferentes medios que utilicen.

Interactuar es atender a los clientes

El reto interactivo de un sitio web empresarial es el que tiene que ver con la capacidad de responder ante los clientes y adelantarse en comunicar lo que realmente es de valor para ellos.

Un sitio web puede poner a prueba la calidad de la atención que le da a sus clientes:

- ¿Cuánta información sobre los beneficios de sus servicios o productos es capaz de publicar en función de ayudar a que sus clientes tomen una decisión de compra?

- ¿Cuánta información sobre su negocio puede brindar de manera que sus clientes confíen en su empresa al punto de querer comprarle?

- ¿Cuál es su velocidad de atención a las solicitudes de información que sus clientes le hacen a través de su sitio en Internet?

Si la empresa no es realmente proactiva para atender a sus clientes con buena y oportuna información sobre sus ventajas competitivas, es poco probable que su sitio web sea interactivo.

En otras palabras, la interactividad tiene que ver con la capacidad de su empresa para estimular que sus clientes potenciales quieran hacer negocios con usted.

La interacción es un camino de doble vía

En los términos comentados de atención al cliente, la mejor interactividad comercial es la que estimula una relación comunicacional permanente con sus clientes. No se trata sólo de obtener una respuesta específica en un momento determinado, sino de la posibilidad de intercambiar continuamente información, entre la empresa y sus clientes, y viceversa.

Esta relación de doble vía es una excelente fuente de orientación acerca de lo que realmente quieren los clientes y un mecanismo eficiente para retroalimentar nuestro desempeño como empresa.

El sitio web puede ser un medio muy efectivo

La interactividad con los clientes implica diversos procesos, todos muy complejos. Pero un sitio web puede ser un excelente canal para brindar información que estimule a sus visitantes a querer saber más sobre la empresa y sus productos o servicios.

El costo de publicar información sobre el negocio en un sitio en Internet puede ser sustancialmente inferior a lo que costaría hacerlo en otros medios impresos o audiovisuales.

Esta es una ventaja tangible para el empresario o gerente. Sin embargo, la efectividad de un sitio web comercial no está garantizada y la clave no es la interactividad entendida como "movimiento" de recursos visuales o tecnológicos. Puede haber mucha animación gráfica en un sitio y ser realmente poco interactivo.

La interactividad debe ser vista como parte del proceso integral de comunicación y atención a los clientes, que los ayuda a ser mejores como consumidores y a confiar más en las marca s de las empresas con las que interactúa.

Confianza para comprar: Estrategia para vender

Si el visitante de su página web llega a interesarse por los productos o servicios de su empresa, en paralelo se hace algunas de estas preguntas: "¿Puedo creer en esta oferta, en esta promoción?", "¿Puedo confiar en esta empresa?", "¿No será una empresa 'fantasma'?, "¿Cómo me garantizan el despacho de lo que compré?".

Si lo que está buscando es utilizar su página web en Internet como un canal de ventas de productos y servicios, hay que enfrentar la suspicacia de los clientes esencialmente con información escrita y esto no es nada fácil, ya que los clientes al mismo tiempo saben que el papel (en este caso la web) aguanta todo.

Esta es otra de las razones por la cual el contenido del sitio web de una empresa o comercio es tan importante y cuando hablamos de contenido nos referimos concretamente a la calidad integral de toda la información que se publica en Internet.

El objetivo primario del contenido es generar una percepción inicial en el visitante de que puede confiar en el sitio web donde está.

Hay razones para la suspicacia

Los internautas saben que cualquiera puede publicar un sitio web y ofrecer villas y castillos, sin que necesariamente tenga una empresa que respalde su oferta. Esto no sería una novedad. La historia de fraudes en Internet no es corta, sin mencionar la desconfianza de pagar con tarjetas de crédito.

Por otra parte, el sentido común tiende a hacer que la gente tenga la percepción de que las empresas en su publicidad pueden llegar a decir cualquier cosa para vender sus productos y los anuncios publicitarios no necesariamente tienen que ver con la calidad de lo que se anuncia.

A esto se suma el hecho de que en los países menos desarrollados tenemos muy poca cultura de compra de productos a través de catálogos comerciales impresos, lo que hace que la gente se sienta más segura dirigiéndose hasta las tiendas para ver y tocar lo que desea comprar.

Cuando se toma el tiempo para ir hasta una tienda, las personas están tratando de tener la mayor certeza posible acerca de lo que van a comprar, que no las van a engañar, y que la empresa que se lo ofrece está en un lugar real (no virtual) al cual poder acudir, en caso de que necesite hacer un reclamo o solicitar más información.

Ser precavido en Internet vale por tres

Los internautas están conscientes de que así como la virtualidad de Internet les brinda muchos beneficios especialmente en términos de acceso a información, esa misma virtualidad puede ser una trampa a la hora de comprar, por lo que actúa con mucha cautela.

Si el potencial cliente vive muy distante de la ubicación física de su negocio, pero está interesado en sus productos o servicios, le enviará un correo electrónico para sondear la calidad de su reacción, a menos que le interese tanto lo que ofrece su empresa que decida llamarlo por teléfono (con el mismo objetivo).

Si logra que el visitante de su página web se interese tanto como para llamar por teléfono a su empresa o enviarle un e-mail para solicitarle más información, es fundamental ser coherente con lo que generó esa motivación y responder a la solicitud de manera eficiente y expedita.

Pero para que su sitio web logre que un potencial cliente se motive a contactarlo, debe compensar con la calidad de su información el trato cara a cara al cual la gente está acostumbrada y prefiere a la hora de comprar.

Mientras más incrédulos sean los clientes, más difícil es llamar su atención y seducirlos para que tomen una decisión de compra.

Estimulando el interés de los prospectos

Resulta inolvidable la escena de la película *Falling Down* (traducida al español como "Día de Furia"), en la que el protagonista, después de un día infernal, entra a la tienda de comida rápida y pide el apetitoso combo que ve en la foto de la cartelera de productos. Cuando le traen una hamburguesa aplastada y que contiene apenas un pedacito de carne, el personaje que hace Michael Douglas estalla en ira y reclama que lo que le están dando no se parece a la hamburguesa de la fotografía.

Los clientes han vivido ésta y otras decepcionantes experiencias en el mundo fuera de Internet, por lo que su incredulidad frente a lo que dice una página web sobre un producto o servicio, es legítima.

También hay que decir que, en buena medida, la función básica de la publicidad se ha prostituido en Internet. Se ha generalizado la creencia de que sólo el liderazgo y la innovación son argumentos de venta incuestionables. Muchos sitios se concentran en auto-alabarse publicitariamente, con clichés de innovación, liderazgo, pionerismo y modernidad, cayendo en un típico error de mercadeo: la sobreventa.

El reto de los sitios web que buscan apoyar la gestión comercial del negocio, realmente consiste en ofrecer información orientada a que los clientes se motiven a contactar a la empresa para hacer negocios con ella.

Un concepto básico de mercadeo que parece olvidado

A la hora de vender cualquier producto o un servicio, la diferenciación con los productos y servicios competidores, sustitutos o complementarios sigue siendo el marco referencial más importante para los clientes.

En una sociedad global, signada por los servicios y la información, la gente compara cada vez más. Por lo cual, la diferenciación se hace cada vez más importante, como una condición de mercadeo.

Si todas las empresas de tecnología o servicios creativos dicen ser innovadoras, entonces la innovación, como argumento de venta, deja de ser algo especial y diferente, deja de distinguirse en el mercado. Lo mismo le ocurre a las empresas que dicen ser líderes.

Si un cliente necesita seleccionar una empresa de servicios entre tres que sean innovadoras y líderes, el factor que en igualdad de condiciones inclina la balanza en favor de alguna de las tres es la diferenciación que hace el cliente, bien sea por el precio, la calidad, el valor del servicio o el costo de la oportunidad.

Para distinguir un negocio en un mercado determinado hay que ocuparse de ofrecer información explícita sobre lo que diferencia a la empresa, sus productos y/o servicios. Los clientes no lo descubren si uno no se lo informa, y ponerlos a adivinar es peor.

Es indispensable lograr diferenciarse

En una economía dominada por los servicios y la información, los clientes valoran más los beneficios que obtienen de un producto o un servicio que las características de la empresa que se los brinda. En otras palabras, los clientes no compran el producto o el servicio en sí, sino las necesidades que satisfacen a través de él.

Por lo tanto, los argumentos de ventas más eficientes no son aquellos que se refieren a las características de la empresa o el producto, sino a los beneficios que estos proporcionan.

Cuando una persona compra un taladro no compra una herramienta, la gente compra el hueco. Si las paredes vinieran con huecos no se venderían taladros. Así pues, la información más efectiva para vender taladros no es acerca de las características del instrumento, sino de los beneficios que le da a quien lo usa.

No estamos diciendo que las características técnicas no son muy importantes. Sólo decimos que a la hora de mercadear un taladro hay más probabilidades de venderlo si se hace más énfasis en los beneficios que obtiene el cliente.

En esta dirección, las empresas que busquen aprovechar su página web para ayudar a mercadear y publicitar su negocio, deberían difundir más información sobre los beneficios de sus servicios y productos.

Cuando las empresas se comunican así en sus sitios en Internet, ayudan a sus visitantes a tomar una decisión de compra y aumentan sustancialmente las probabilidades de salir favorecidas en esa decisión.

Aplique principios tradicionales de mercadeo

Si se revisa con detenimiento los banners publicitarios, los correos electrónicos o las estrategias de compra de medios de las campañas publicitarias menos efectivas, se comprobará que no se pusieron en práctica reglas básicas del mercadeo que se aplica en medios distintos a Internet.

Los errores que se cometen con la publicidad en Internet son los mismos que se cometen en otros medios. Sin embargo, cuando se hace una mala campaña o ésta no produce los resultados esperados, nadie duda de la efectividad de una valla publicitaria, la TV, la radio, los periódicos o de la pertinencia del mercadeo directo:

- Si se usa un texto muy largo en una valla y el tamaño de las letras resulta más pequeño de lo que se puede leer a cierta distancia, no se puede aspirar que la valla cumpla con su función.

- Si no se toma en cuenta, correctamente, lo que de manera efectiva puede comunicarse en 20 ó 30 segundos en un comercial de TV o radio, no se debe culpar a estos medios por «la mala suerte» de una campaña.

Así como en la TV son cruciales los 3 ó 5 primeros segundos del comercial que interrumpe (antipáticamente) el programa de nuestra preferencia, en un sitio web esos primeros segundos tienen igual importancia.

El banner publicitario puede ser estéticamente espectacular, pero si se demora más de 5 ó 7 segundos en aparecer en pantalla, son muy bajas las probabilidades de que el internauta lo note e interactúe con él.

Adaptarse a las características de cada medio

Las campañas de publicidad más efectivas se caracterizan porque cada pieza explota adecuadamente las condiciones específicas de cada medio.

Son pocas las veces en las que el sonido del comercial de TV es automáticamente válido como comercial de radio, así como no se debería utilizar el mismo texto y diseño de un aviso de revista en un aviso de prensa.

Los medios tienen propiedades distintas y los lectores interactúan con ellos, en situaciones distintas. Pero esto no es muy obvio para quienes están detrás de la mayoría de la publicidad que se exhibe en Internet. Vemos banners con animaciones que pretenden simular un comercial de TV, o correos electrónicos que intentan ser un volante.

Ocurre lo mismo que con el diseño gráfico de páginas web, que tratan de emular la estética televisiva y pasan por alto que para el usuario, el monitor del computador no tiene mucha relación con el monitor de la TV.

Los promotores de la TV, como medio de navegación de la red, pensaron que sólo les faltaba un teclado y subestimaron la poca legibilidad que tienen los textos en los televisores. Además, las condiciones en la que el mismo usuario interactúa con cada monitor son muy distintas.

Deficiencias de foco

El reto es aprovechar cada medio de acuerdo con sus propiedades comunicacionales, e Internet no es la excepción.

A estas alturas, no debería discutirse si Internet es un medio masivo de comunicación o no, sino que deberíamos dedicarnos a comprender mejor el medio, para usarlo más asertivamente como canal de publicidad.

¿Cómo se puede esperar más interactividad de un banner que ofrece un producto orientado a hombres de más de 45 años, en un portal dirigido hacia los adolescentes? El mismo resultado lo daría exhibir un comercial de TV sobre automóviles de lujo, en los programas infantiles de la tarde.

Por otro lado, no se toma en cuenta la naturaleza de cada espacio. Si los internautas están leyendo noticias en un portal especializado en este segmento, son muy escasas las posibilidades de que hagan click sobre un banner que los sacará del contenido en el que se encuentran.

Las noticias del día a día no se leen de la misma forma que los reportajes. Las primeras son más cortas y su relevancia es más coyuntural.

Los portales que se esmeran en tener contenidos para que los usuarios inviertan la mayor cantidad de su tiempo de navegación en ellos, pueden calificarse como sitios "de llegada". En estos sitios los usuarios difícilmente interactúan con los banners, a menos que éstos sean muy pertinentes, estén muy bien integrados al contenido o le agreguen valor al mismo. De lo contrario, los banners sólo podrán promover imagen de marca.

En los casos de las listas de correos electrónicos indiscriminadas, se puede esperar un resultado igual. Si además del lenguaje poco personalizado y toscamente publicitario, que normalmente exhiben los títulos de los correos electrónicos, a un adolescente le llega un e-mail con productos financieros corporativos, no deberían sorprender los malos resultados.

Falta de seguimiento rápido

Por su parte, los anunciantes también tienen la responsabilidad de vigilar de cerca los resultados de interactividad de un banner.

Para casi cualquier campaña en días de semana y en las primeras 24 ó 48 horas, un anunciante puede tener una idea de los clicks que van a tener sus anuncios en un portal determinado.

Las primeras dos o tres semanas de un banner, son las de mayor potencial de interactividad, por cuanto aún es una novedad. Pero después de haberlo visto unas diez veces, en condiciones óptimas, los internautas pierden el interés en ese banner.

Internet le ofrece a los anunciantes y a las agencias de publicidad, la posibilidad de hacer pruebas confiables de banners, gracias a la validez de la muestra que se puede tener y a menores costos que en otros medios. Pero es indispensable que se tengan estrategias de mercadeo en donde los usuarios y el mercado tengan la última palabra.

En la medida que tengamos más publicistas y anunciantes orientados a comprender el funcionamiento de la publicidad en Internet, serán mayores los porcentajes de clicks que reciban los banners y serán mejores las respuestas que se obtengan de las campañas de correo electrónico.

La ineficacia publicitaria del e-mail

Si se comprenden los principios del mercadeo directo, el correo electrónico puede ser aprovechado como un recurso publicitario, de lo contrario, se pierde mucho más en imagen que lo que se pretende ganar.

Una pequeña empresa como Agefinca, especializada en asesoría tributaria, administrativa y financiera, también puede ofrecer contenidos en su sitio web (Agefinca.com) que resultan ser una ventaja competitiva y útil para los visitantes, quienes pueden hacer un cálculo de la retención del impuesto sobre la renta (ISLR), o tienen acceso a tablas que permiten calcular el ISLR a pagar.

Las instituciones también tienen el reto de ganarse la confianza de sus visitantes, basándose en la calidad de la información que publica: ¿Está completa? ¿Está actualizada? ¿Funciona? ¿Es comprensible? ¿Es fácil de "digerir"? Fondoin.org es una muestra del tipo de esfuerzo de comunicación corporativa en un sitio web que puede hacerse en esta dirección.

Lipesa es una empresa química de carácter industrial y aprovecha las ventajas del espacio en un sitio web para explicar detalladamente todos sus servicios y para cuáles sectores trabaja (Lipesa.com.ve). Así mismo, le ha estado agregando valor al contenido con breves reseñas sobre sus actividades, que ayudan a transmitir parte del dinamismo de la compañía.

Los clientes han vivido suficientes decepciones en el mundo fuera de Internet que justifican su incredulidad frente a lo que dice una página web sobre un producto o servicio. Razón por la cual las páginas comerciales que se concentran en auto-alabarse con clichés de innovación, liderazgo y modernidad, no suelen ser las que generan más rentabilidad. El gran reto para los sitios web que buscan apoyar la gestión comercial del negocio (como empresasdiana.com), consiste en ofrecer información orientada a que los clientes se motiven a contactar a la empresa para hacer negocios con ella.

Es increíble la incalculable cantidad de dinero y de tiempo (que también es dinero) que las empresas y comercios pierden haciendo campañas de mensajes electrónicos no solicitados.

Décadas de experiencia consolidada de mercadeo directo no parecen importar en Internet. Una y otra vez envían correos electrónicos publicitarios 100% improductivos.

¿Cómo se explica que en Internet circulen tantos mensajes comerciales basura, que sólo congestionan dramáticamente el funcionamiento de las redes e incrementan la agria predisposición de los internautas hacia la publicidad "virtual"?

¿Por qué los usuarios de Internet estamos tan molestos con los correos electrónicos de carácter publicitario, y por qué los responsables de estos mensajes no se dan cuenta de que tienen la peor estrategia de imagen con estas campañas?

Si los mensajes no están personalizados no sirven

No pierda el dinero comprando listas de direcciones de correo electrónico en donde no estén el nombre y el apellido de los destinatarios, o que usted como remitente no pueda controlar que cada mensaje vaya dirigido a una persona en específico.

¿Usted abre los mensajes electrónicos que llegan a su buzón pero que no vienen a su nombre? Casi la totalidad de las personas no lo hacen, porque prevén que van a perder su tiempo con un mensaje publicitario, a menos que se hayan suscrito a una oferta explícita de información publicitaria.

Los e-mails publicitarios ocasionan muchas molestias

- Las empresas pierden clientes e imagen, saturando el espacio de disco duro a sus potenciales compradores con mensajes no solicitados.

- Los potenciales clientes de las empresas están cansados de que sus PC's se infecten de virus con correos electrónicos de carácter publicitario.

- Los destinatarios de mensajes comerciales con virus han perdido tiempo, dinero e información importante por culpa de estas campañas indiscriminadas.

- Cuando la gente se conecta a Internet y tiene que soportar navegar de manera mucho más lenta de lo normal, en buena medida se debe al tráfico de data basura que contienen los mensajes "spam", o "junk mail".

Si no son interesantes y creíbles no sirven

Supongamos que tiene el nombre del destinatario y que tecnológicamente puede controlar el envío de un mensaje que comience con "Estimado Pedro...", para que transmita el respeto de la verdadera personalización.

No hay manera de que uno como destinatario comience a leer la segunda línea de su mensaje si el título del e-mail no tiene nada que ver con uno o simplemente es un cliché publicitario del tipo "haga dinero sin trabajar" o "esta es la solución de todos sus problemas".

No vale la pena intentar ser creativo en el mensaje publicitario que se va a enviar si no se tiene suficiente información sobre el destinatario, de manera que pueda vincularse efectivamente con sus intereses y necesidades.

Es preferible enviar sólo 100 mensajes a personas de las que tengo datos que puedo gerenciar correctamente para conectarme comercialmente con ellas, que enviar 1 millón de correos indiscriminados a aquellos de quienes nada sé.

Si no desea seguir perdiendo dinero, es mejor que dedique el tiempo y los recursos para que la "agenda" de las direcciones de correo electrónico de sus potenciales clientes sea una base de datos útil y efectiva.

El e-mail puede ser efectivo publicitariamente

Si se cuenta con la autorización de los destinatarios, con información sustantiva sobre sus gustos y necesidades, y se gerencian adecuadamente los mensajes que se le envíen, el correo electrónico puede llegar a ser un poderoso recurso de mercadeo.

La posibilidad de enviar mensajes masivamente a direcciones de correo electrónico ha estado prostituyendo el arte del mercadeo directo y la publicidad.

Los internautas estamos cansados de perder mensajes importantes porque nuestros buzones fueron colapsados por mensajes publicitarios.

Igualmente estamos traumatizados por las veces que la PC colapsó o perdimos toda la información del disco duro por el virus que llegó en el "attachment" de un correo electrónico promocional.

Si está tratando de hacer negocios en Internet no bote su dinero y no desprestigie la imagen de su empresa con campañas publicitarias de e-mail, si no cumple con las siguientes 3 condiciones:

1. Acérquese a sus clientes "por las buenas"

Aunque el sentido común es el menos común de los sentidos, pedirle autorización a sus clientes para enviarle mensajes publicitarios es un requerimiento básico para que su campaña sea efectiva.

Recuerde que el buzón de correo electrónico es un canal muchísimo más personal que la TV, la radio o la prensa y se parece más al teléfono ¿Qué haría usted si recibiera una llamada telefónica cada 2 ó 3 minutos para venderle productos y servicios?

Preguntarle a sus clientes si desean recibir información suya cada cierto tiempo, no sólo es un gesto estratégico y comercial de cortesía, sino que es la práctica de la calidad del respeto que usted siente por sus clientes.

Cuando sus clientes le dan su permiso o se suscriben voluntariamente a su lista de correos, usted cuenta con más de 50% de probabilidades de que lean sus e-mails. De lo contrario, sus probabilidades son cercanas a cero.

Recuerde que el cliente-consumidor contemporáneo quiere y tiene más control sobre sus decisiones y opciones comerciales. No lo vea como un "objetivo" sino como el "aliado" esencial de su negocio.

2. ¿Sabe suficiente sobre sus clientes?

Los clientes no son un número de factura o una orden de compra. Son personas, naturales o jurídicas, con sueños y aspiraciones. Quien quiera venderle algo necesita saber tanto sobre sus gustos y necesidades como para tener, lo que los expertos en mercadeo llaman, "un perfil" detallado de sus clientes.

La incomprensión de esta idea lleva a muchas empresas a sobrestimar el valor tecnológico de las bases de datos. Las organizaciones pequeñas lo ven tan sofisticado que se inhiben en invertir en ello, y las grandes lo reducen a un asunto de programas y servidores. Las buenas bases de datos de clientes, cuentan con información variable y detallada sobre los hábitos de vida de los clientes y se van actualizando permanentemente. Pero esto no es posible si no se tiene una férrea cultura de servicio y atención al cliente.

Sólo la visión del servicio lleva a las empresas a crear, mantener y desarrollar diferentes mecanismos de interacción con los clientes que le permiten obtener los datos que requieren de inteligencia para convertirse en información clave de mercadeo y ventas.

No importa si es una cartera de treinta, tres mil, treinta mil, trescientos mil o tres millones de clientes. Sus probabilidades de venta son directamente proporcional a la calidad de la información que usted tenga de ellos.

3. Gerencie adecuadamente los mensajes

Para enviar el mensaje correcto, a la persona correcta y en el momento correcto a través del correo electrónico, hay que ver la comunicación como un proceso permanente de doble vía y en el largo plazo.

La publicidad por e-mail no funciona como los anuncios de los restaurantes de carretera por donde uno casi nunca transita. El e-mail es un medio tan personal que sólo funciona publicitariamente cuando está orientado a fomentar una relación con el cliente.

A menos que se tenga una poderosa imagen de marca (construida esencialmente fuera de Internet) es poco probable que nuestros mensajes llamen la atención o sean creíbles, por muy estereotipadamente atractivos que sean o amarillistas.

El mercadeo y la venta como proceso de comunicación de doble vía también supone una retroalimentación y la disposición a hacer ajustes permanentes de nuestros mensajes, sobre la marcha, para afinar los vínculos con nuestros clientes.

La gerencia de los mensajes significa planificar su dosificación en función de inducir la interacción de los clientes para aprender constantemente de ellos e incorporar ese aprendizaje a todos los procesos del negocio, y no sólo a las ventas.

La gerencia de los mensajes le permitirá no sólo adaptarse a los cambios de gustos y necesidades que permanentemente experimentan los clientes, sino hasta anticiparlos, o mejor aún, generarlos.

Siempre estamos vendiendo

Independientemente de que las ventas se concreten en transacciones electrónicas a través de Internet, el proceso comercial de las ventas de un negocio nunca se detiene.

A veces se genera confusión sobre el proceso de ventas de las empresas y comercios, especialmente el relacionado con Internet. Algunos negocios pequeños y medianos se inhiben de tener un sitio web porque creen que es un asunto esencialmente relacionado con el cobro en línea y los recursos tecnológicos para esto no están a su alcance o son demasiado complicados.

Otros no sólo cuestionan la seguridad de la propia red y de las transacciones electrónicas a través de Internet, sino que creen que sus clientes no tienen acceso a Internet, no usarían la red para comprar sus tipos de productos, o "para qué tratar de vender en Internet si mis clientes deben venir hasta la tienda para poder despacharle los productos".

Ninguna de estas inquietudes están de más. Sin embargo, en todos los casos se pierde de vista que la venta es un proceso continuo de interacción con el cliente, de seducción y persuasión, en donde toda la información que ofrece el vendedor es la plataforma del proceso y el sistema de cobro es apenas uno de los aspectos, por trascendente que sea.

Influir en la percepción de los clientes

Las personas hemos estado asumiendo a la red como una especie de biblioteca gigantesca, en la que podemos buscar cualquier tipo de información (aunque este proceso no sea fácil), en la cual es especialmente ventajosa la posibilidad de comparar opciones de información y precios sobre productos y servicios antes de comprarlos.

Por su parte, el correo electrónico brinda la posibilidad a empresarios y comerciantes que la deseen y sepan aprovechar, de estrechar los vínculos y relaciones con sus clientes, en función de "consentirlos" y hacerlos más leales, con mensajes periódicos personalizados sobre las novedades de sus productos y servicios.

En otras palabras, independientemente de que los clientes deban llegar hasta las instalaciones físicas de su empresa para comprarle, o de lo "emocional" o "racional" de su negocio, o de si sus productos y servicios dependen o no de compras impulsivas, Internet es un canal de presencia de imagen e información cada vez más importante para los clientes.

Las ventas son el fruto de nuestra cosecha

Las ventas contemporáneas se han convertido en el arte de cosechar relaciones con los clientes, nuevos o existentes. La valoración de la relación por parte de los clientes es lo que se conoce como la imagen de marca, bien sea de la empresa, sus productos, sus servicios y en especial de su gente.

¿Cuáles son los "instrumentos agrícolas" de las ventas? Fundamentalmente todos los aspectos relacionados con todas las comunicaciones de la empresa, por una parte, y con la calidad de la atención al cliente que ésta brinde, en el más amplio sentido de la palabra, por la otra; lo que en esencia también está relacionado con las habilidades de comunicación.

En Internet, sea la página web o el correo electrónico, la calidad integral de la información escrita es el factor más importante en el proceso de venta, ya que es el que determina el interés de los clientes por su oferta de productos o servicios y los induce a contactar su negocio, bien sea a través de la misma red, por teléfono o visitando sus locales.

La calidad integral de la información

Todo lo que hacen y dejan de hacer las empresas y las personas, comunica. No existe la no comunicación. El silencio también es un mensaje y tiene sus significados.

En una sociedad signada por los servicios y la información, las acciones de las empresas comunican más que sus palabras.

Internet nos plantea retos de comunicación similares a los que ya conocemos y uno de ellos es que no es suficiente generar interés de los clientes por lo que vendemos.

Entre muchos de los aspectos involucrados, la velocidad de respuesta, el resultado del desempeño de todas las áreas de la empresa y la autenticidad de la actitud orientada al servicio, hace que se ganen o se pierdan clientes.

Los mensajes comerciales orientados a enriquecer el proceso de venta de su negocio sólo pueden integrarse adecuadamente por una clara visión de la atención al cliente.

La pertinencia de los correos electrónicos publicitarios o la satisfactoria experiencia de navegar el sitio web de su empresa tiene su origen en la valoración que le da a la gerencia integral de la información.

Lo que está en juego no es tanto lo sofisticado de la gerencia de las comunicaciones, sino el compromiso con la coherencia y la consistencia de todo lo que se comunica, sin importar cual sea el medio.

La imagen del negocio y las ventas son el resultado cuantitativo y cualitativo de la gerencia integral de este proceso.

Alternativas de órdenes de compra y cobro

Las connotaciones tecnocráticas del comercio electrónico hacen que muchos gerentes y comerciantes piensen que vender y cobrar a través de Internet sea una opción exclusiva para empresas con muchos recursos.

"Comercio Electrónico" a veces resulta una expresión infeliz cuando se intenta sintetizar todo el proceso comercial de las ventas, porque tiene una connotación demasiado tecnocrática.

Aunque comercio electrónico o *e-commerce* generalmente se refiere a las tecnologías disponibles para que la empresa reciba órdenes de compra y procese el cobro en el momento que un cliente decide adquirir un bien o un servicio en un sitio web, también es un concepto sesgado porque deja por fuera otras alternativas.

El empalagamiento tecnológico muchas veces ha hecho olvidar que las compras y los indispensables procesos administrativos relacionados son el resultado cualitativo de un proceso previo de seducción y persuasión, en el que la gerencia de la información es el factor fundamental.

En otras palabras, si se logra inducir suficiente interés por sus productos y servicios, los clientes lo contactarán, tratarán de comprarle y buscarán la forma de pagarle, a través de los mecanismos que no sólo estén a su alcance, sino que también le sean más confiables, dentro o fuera de Internet.

Para recibir órdenes de compra

Cómo generar suficiente interés para que los clientes quieran y tomen la decisión de comprar, en cada negocio depende de muchos aspectos específicos, pero en general se puede decir que en Internet depende de:

- La calidad, la cantidad y la frecuencia de la información escrita que se transmite sobre los beneficios de los productos y servicios que se ofrecen, y no sólo sobre sus características o cualidades.

- La percepción de confiabilidad que se logre generar en los clientes, sobre su negocio, su empresa, sus productos o sus servicios, con información complementaria sobre las opciones para pagar, las formas de despacho, las garantías que se ofrecen, servicio post-venta, política de devoluciones, etc.

- Las alternativas que los clientes tengan de contactarlo para solicitarle más información. Por ejemplo, si sólo pueden comunicarse con usted por e-mail, van a sospechar que no tiene una empresa formal ni una dirección digna de confianza.

- La actitud orientada al servicio y la calidad de la atención de los clientes. Por ejemplo, la velocidad de respuesta de los correos electrónicos o el valor agregado de su información para ayudar "desinteresadamente" a los clientes.

- La flexibilidad y la apertura de toda la empresa para recibir órdenes de compra a través de todos los medios posibles al alcance de los clientes: teléfono, fax, correo, correo electrónico, en sus tiendas, oficinas u otras instalaciones.

Ninguna de estas condiciones son fáciles de lograr. Pero su página web puede ayudarlo, funcionando como catálogo de productos y servicios que induzca a sus clientes a que lo llamen por teléfono para comprarle.

En este sentido, el correo electrónico también puede ser una especie de ventanilla virtual de atención que le permite mostrar las virtudes de su servicio.

En su sitio web puede haber un formulario que los clientes podrían imprimir, llenar y después enviarle por fax, indicando la forma de pago que prefiere y los respectivos datos.

Ahorre tiempo. Utilice los recursos que ofrecen los bancos, sin que esto signifique un costo adicional para su empresa. Una buena cantidad de instituciones financieras venezolanas ofrecen servicios confiables de banca a través de Internet, con los cuales cualquier negocio puede recibir pagos rápida y fácilmente con una transferencia. La de arriba es una imagen del sitio web de la Asociación Bancaria de Venezuela (asobanca.com.ve), desde donde podría llegar al sitio web de su Banco.

El verdadero dilema del comercio electrónico no es el de la tecnología que hace falta para procesar el cobro con tarjeta de crédito a través de la página web. MapaMusical.com vende discos venezolanos en el exterior y recibe el pago de sus clientes a través de transferencias bancarias o depósitos en sistemas como el de WesternUnion.com.

Envia la palabra ZU al 464
Para pronósticos de la loteria Zulia
Disponible en Movilnet - Movistar y Digitel (800+IVA)
Prepago-Postpago (Solo en Venezuela)

TuSuerte.com
EN TU CELULAR

TuSuerte.com VENEZUELA
COLOMBIA - USA

MI PLANIFICADOR
MI CONSULTOR
MI REGISTRO
MI CUENTA

Login jucar   Clave ••••••

SERVICIOS | METODOLOGIA | PRONOSTICOS | SUSCRIPCION | TESTIMONIOS | RESULTADOS | PREGUNTAS | NOVEDADES | SUGERENCIAS | HOME

Loteria ZULIA

Penúltimo Sorteo	Resultados		Nuestros pronósticos fueron				Comentarios
Sabado 22 de Julio de 2006 7:00 pm.	A	B	1er Dig.	Terminales			Indicamos la serie **70-79** y para este sorteo Indicamos el número **79** como dato fijo de la semana
	379	205	2	59	76	71	
	Pronósticos y resultados anteriores.		8	15	72	52	

Último Sorteo	Resultados		Nuestros pronósticos fueron				Comentarios
Lunes 24 de Julio de 2006 12:00 pm.	A	B	1er Dig.	Terminales			Aproximación con el número **07** El terminal **15** fue pronosticado en el sorteo anterior Esta loteria fue recomendada
	115	906	0	66	63	97	
	Pronósticos y resultados anteriores.		6	07	96	92	

Loteria ORIENTE

Penúltimo Sorteo	Resultados		Nuestros pronósticos fueron				Comentarios
Sabado 22 de Julio de 2006 8:00 pm.	A	B	1er Dig.	Terminales			Indicamos la serie **60-69** para este sorteo
	866	484	0	64	08	58	
	Pronósticos y resultados anteriores.		3	60	05	59	

Último Sorteo	Resultados		Nuestros pronósticos fueron				Comentarios
Lunes 24 de Julio de 2006 1:00 pm.	A	B	1er Dig.	Terminales			
	818	201	6	04	97	90	
	Pronósticos y resultados anteriores.		4	29	74	23	

Loteria TACHIRA

Penúltimo Sorteo	Resultados		Nuestros pronósticos fueron				Comentarios
Sabado 22 de Julio de 2006 9:00 pm.	A	B	1er Dig.	Terminales			Aproximación con el número: **04**
	047	803	3	38	82	04	
	Pronósticos y resultados anteriores.		6	00	32	80	

El de TuSuerte.com es un ejemplo del tipo de esfuerzo que se debe hacer para construir la imagen de un sitio web que cuenta con muy pocos recursos publicitarios para su promoción. TuSuerte.com ofrece pronósticos de loterías y sus principales argumentos de venta son, por un lado, la publicación permanente de los resultados de las loterías con los cuales se mide la efectividad de los pronósticos, y por otro lado, brinda gratuitamente algunos de los pronósticos. Los clientes pagan por el servicio registrando en el sitio web el número de la planilla de depósito que previamente hicieron en una cuenta bancaria de TuSuerte.com.

CandesTurismo.com vende excursiones y paquetes turísticos venezolanos en el mercado europeo y asiático. Pero saben muy bien que el punto clave del mercadeo es influir en la decisión de compra de los potenciales clientes. Después de este umbral, siempre habrá una manera razonablemente sencilla para cobrar por el servicio.

El volumen de los clientes y las complejidades de su negocio determinarán qué tan sofisticada debe ser la administración de este proceso. Pero tenga presente que en un mundo tan competitivo, mientras más personalizada sea la venta, más efectiva será.

Opciones para cobrar "en" Internet

Tener en la página web un sistema electrónico de cobro como el de Amazon.com es costoso y toma tiempo desarrollarlo y ponerlo "a tono". Pero, si su empresa es flexible y abierta para recibir órdenes de compra, no puede ser menos para ofrecerle a los clientes opciones de pago.

Por ejemplo, podría tomar los datos de la tarjeta de crédito del cliente por teléfono y tener un proceso de verificación muy similar a cuando compra pizzas a domicilio u otros bienes. Por supuesto, para ello necesita una cuenta bancaria y tener un punto de pago de tarjeta de crédito que pueda operar manualmente.

Igualmente, podría recibir transferencias bancarias, transferencias de dinero del tipo Western Union (www.westernunion.com), cheques por correo o, simplemente, si el cliente está debidamente seducido a comprarle no le molestará acercarse a su negocio para pagarle personalmente en efectivo, tarjeta de crédito o cheque.

Todas estas opciones requieren de procesos administrativos "manuales", pero si la ganancia de la venta cubre el esfuerzo (que debe ser muy parecido al que actualmente tiene en su negocio), ¿por qué despreciarlas? Claro, debe procurar suficientemente que sus clientes las conozcan.

En todo caso, comenzar a vender con estas alternativas de procedimiento, le permite aprender sobre Internet al más bajo costo y establecer bases sólidas para sistemas más automatizados.

SEXTA PARTE
Guías para el desarrollo

Esquema básico para tener un sitio web

No importa si la página web que desea tener es modesta y pequeña, o si es muy ambiciosa en los contenidos y servicios que se propone ofrecer. Hay aspectos clave y un orden definido que debe atenderse para pasar de una simple idea a un sitio web, que cumpla con sus objetivos.

El siguiente es un esquema práctico, muy resumido y elemental, de esos aspectos:

Primero: Defina claramente sus objetivos

No es suficiente decir "quiero tener mi negocio en Internet", es fundamental tener objetivos en el corto plazo, tan específicos como sea posible y que además sean cuantificables. Por ejemplo, "voy a comenzar con una presentación corporativa de mi negocio y de mis servicios".

Si se tiene poca experiencia navegando en Internet o incluso nunca ha realizado una compra en línea, resulta cuesta arriba comenzar aspirando a tener una tienda electrónica.

Tener objetivos específicos claros ayuda al empresario-gerente a determinar cómo organizarse para lograrlos, cuál es la información que se debe ofrecer en el sitio web y cómo se debe estructurar.

Pregúntese, por ejemplo, para qué desea tener un sitio web de su empresa-negocio. A continuación algunas posibles respuestas:

- Tener una herramienta de promoción de la empresa y los productos que ofrece, más económica que otros medios.

- Tener un espacio para hacer promociones específicas de nuestros productos.

- Ofrecer un medio para que nos soliciten nuestros productos y servicios.

- Mejorar nuestras comunicaciones post-venta con nuestros clientes.

- Lograr ahorros en nuestras publicaciones impresas.

- Tener un medio adicional para apoyar el mercadeo de nuestros productos.

- Estandarizar la presentación y promoción de nuestros servicios.

- Difundir las novedades de nuestro negocio.

Segundo: Registre el dominio (la dirección web)

Para tener un sitio web propio es indispensable registrar una dirección conocida como "dominio". Este nombre debe ser fácil de decir, deletrear y recordar, pero antes que nada debe estar disponible para ser registrado. Es decir, el dominio no debe haber sido registrado antes por otra empresa o persona. Aunque si este fuera el caso, quizás exista la opción de comprarlo.

Los internautas utilizan este nombre para visitar una determinada página y dos empresas no pueden tener el mismo dominio. Por lo tanto, se trata de una identidad única, con un único dueño.

En términos prácticos, el nombre de un dominio (la dirección de un sitio web) es la base de la identidad de una marca en Internet. Por ejemplo:
- www.cograf.com
- www.atinar.com.ve
- www.auyantepui.com

Tercero: Diseño y programación de las páginas

Cada sitio en Internet (o también conocido como sitio web) está constituído por interfaces gráficas, mejor conocidas como "páginas web". En otras palabras, podríamos decir que un sitio web puede tener una o muchas páginas.

Una iniciativa muy útil antes de comenzar con el diseño y la programación de su sitio web es que navegue por Internet y evalúe las diferentes páginas que consiga de empresas similares a la suya, o de empresas que ofrecen servicios similares a los que usted quiere ofrecer, o de empresas diferentes pero que tienen contenidos que le resulten interesantes para lo que usted quiere hacer. Esto le ayudará a conocer lo que hay en el mercado y le dará una mejor idea de cómo proyectar el plan para su sitio web.

Cuando navega investigando el mercado, observe con detenimiento la forma en que fue estructurada la información, su diseño y compruebe los aspectos fundamentales de una buena página web:

- La utilidad y la calidad del contenido, en cuanto a información y/o servicios, es la razón principal por la cual su sitio será visitado y utilizado. Concéntrese en esto.

- La función principal del diseño es facilitarle a los usuarios interactuar con el contenido de la página. La mayor legibilidad posible de las interfaces es el propósito del diseño.

- La gran preocupación de los internautas es la velocidad de las páginas. Si están sobrecargadas de gráficos serán demasiado lentas. Deben cargar entre 3 y 10 segundos.

- La facilidad de navegación es otra preocupación fundamental de sus visitantes y ésta no es posible sino con mucha simplicidad, sencillez y consistencia en las interfaces.

Es especialmente importante tomar en cuenta que los estándares visuales de interacción y de funcionamiento tecnológico que esperan los internautas, son los que reciben de los sitios web que ellos más visitan. Así que vale la pena que verifique la pertinencia de sus gustos estéticos, no vaya a ser que sean demasiado diferentes a los de sus potenciales clientes.

Cuarto: El hospedaje de la página

Después de construida la página hay que publicarla en Internet. Lo que quiere decir que hay que colocar (hospedar) todos los archivos electrónicos relacionados con su sitio web, en un servidor de páginas web, con un orden determinado.

Para diseñar, programar y organizar los archivos electrónicos de la página (interfaces, programas, gráficos, etc.) y para que estos también funcionen correctamente en el servidor en donde estarán alojados, es indispensable conocer las condiciones del hospedaje que ofrece la empresa que debe contratar para este fin y ponderarlas en función del tipo y cantidad de archivos que posea el sitio web.

En palabras más sencillas, esto quiere decir que mientras mayor sea el volumen del contenido y las funciones de su sitio web, mayores requerimientos tecnológicos tendrá.

Pero no se angustie demasiado sobre estos aspectos tecnológicos. Usted debería recibir asesoría y soluciones de la empresa que contrate para el diseño y desarrollo de su sitio.

Quinto: La búsqueda de visitantes para su sitio

Cuando su página web ya está publicada en Internet es fundamental promocionarla (promocionando su dirección web) de manera que los potenciales visitantes sepan que existe y dónde está.

Para ello tome en cuenta las siguiente recomendaciones:

- Incluya la dirección de su página web en todos los medios de comunicación que utiliza actualmente para su negocio: tarjetas de presentación, facturas, hojas membrete, sobres, folletos, vehículos, fachadas de comercios, avisos publicitarios, etc.

- Identifique su e-mail de manera tal que se publicite la dirección de su página. No es lo mismo tener un correo del tipo jucar@hotmail.com que jucar@cograf.com, que lleva la marca que identificará su empresa y su negocio en la red.

- Registre la dirección de su sitio web en los directorios como Yahoo.com o Auyantepui.com. Recuerde darle preferencia a los directorios más visitados de su país. En la mayoría de los directorios web, el servicio de registro es gratuito y en algunos casos cobran un monto razonable para que su página sea registrada en el directorio más rápidamente.

- Haga publicidad de su empresa y de su sitio web en Internet. Las opciones son muy variadas y en muchos casos el costo suele ser muy inferior al de otros medios. Puede hacer inversiones interesantes y muy efectivas en *banners* (avisos publicitarios) o en patrocinios relacionados con su negocio, sin tener que invertir demasiado dinero.

Sexto: Seguimiento y evaluación continua

Evaluar de manera continua el funcionamiento de su página es fundamental, tanto de los aspectos tecnológicos como del contenido. El seguimiento a la interacción de los visitantes de la página nos permite aprender y entender mejor lo que realmente quieren y necesitan.

Todas las páginas web de empresas deben contar con mecanismos que les permitan saber, entre otras cosas: cuántas visitas se tienen al día o al mes, desde dónde están llegando los visitantes y cuáles son las secciones de la página que más usan.

Este tipo de seguimiento permite hacer en la página las correcciones necesarias y planificar acertadamente la ampliación de la misma, de acuerdo con lo que nos indican los visitantes con sus clicks.

La mayoría de las empresas que dan hospedaje de páginas web ofrecen servicios gratuitos de estadísticas en donde se consigue toda esta información y más.

Existen, además, sitios donde se pueden conseguir programas de estadísticas, de manera gratuita. Por ejemplo:
* www.analog.com
* www.webtrends.com

Si usted como empresario o gerente ha tomado en cuenta estos seis aspectos, podrá llevar con éxito la planificación, ejecución y evaluación de su proyecto web. Ahora puede contarse entre las millones de empresas con presencia en la red.

Pensando en los visitantes de su página

Por una parte están las necesidades relacionadas con la calidad y la pertinencia del contenido, y por la otra, están las relacionadas con la experiencia de los internautas al interactuar con la tecnología. Aunque son muchos los aspectos tecnológicos y comunicacionales a considerar al montar una página web, los siguientes no pueden ignorarse:

Contenido útil y focalizado

Los internautas buscan información y recursos (gratuitos) que sirvan para algo, y si éstos se distinguen sustancialmente de los demás, mucho mejor.

Pero la infinidad de alternativas que hay en la red hace que los usuarios sean cada vez más impacientes, intolerantes y esperen más y más valor de los sitios web a donde llegan.

Tome en cuenta que para satisfacer los fines publicitarios o comerciales de un sitio web es indispensable que el contenido sea útil para el internauta y mejor aún, si se especializa en un tema.

Pero si de publicidad se trata, ésta debe ser rica en información y con lujo de detalles. Recuerde que la publicidad en Internet debe generar referencias inteligentes sobre las marcas y ayudar a tomar decisiones de compra.

La gente quiere conseguir en los sitios web de las empresas más información sobre los productos y servicios que se publicitan en otros medios, pero que por limitaciones de espacio no la ofrecen.

Mejor si en el contenido participan los visitantes

Si además de útil, la página web prevé mecanismos para que los contenidos se retroalimenten directamente de la participación de los usuarios, los cibernautas se verán más reflejados en el contenido y habrá mayores posibilidades de que sean leales y visiten el sitio web, una y otra vez.

Adicionalmente, el mayor poder de reproducción viral de la imagen de una marca en la red es derivada de la participación de los usuarios en la generación de contenidos.

Esto en parte explica la proliferación de *blogs* ó *weblogs*, que se ha producido en los últimos años. La tecnología para publicar información en Internet se ha simplificado tanto que resulta muy sencillo contar con herramientas sofisticadas para desarrollar un espacio de este tipo.

Pero como ya lo hemos dicho en diferentes oportunidades, lo más importante en un *blog* es que haya alguien que genera información cualitativamente atractiva como para que otros se animen a invertir su tiempo en leerla y participar en ella.

Las fantásticas tecnologías relacionadas con los *blogs* y las posibilidades que éstas nos brindan, no hacen solas el milagro. Es indispensable la persona que produce el contenido.

Los internautas son impacientes

Si Internet es una autopista, parece que tiene un solo canal de 200 Kph. Todos los internautas están permanentemente apurados. ¿Cuánto tiempo toma la interfaz en mostrarse?, ¿Cuánto tiempo tarda la respuesta de un e-mail?, ¿Cuánto tiempo toma recibir un producto?, ¿Cuánto tiempo demora copiar un archivo?

Se debe privilegiar, antes que nada, la rapidez gráfica del website. Si la página contiene fotos, dibujos, gráficos o animaciones y no se muestran en pantalla en menos de 10 segundos, el 80% de los usuarios interrumpe la conexión, se va a otro website y no regresa.

La alta velocidad de respuesta en toda la experiencia interactiva en la red es la aspiración más importante de los internautas.

Presente la información con estilo periodístico

Leer en la pantalla del monitor es doblemente más lento y difícil que sobre papel:

- Puntualice todo el contenido que se pueda listar y, además, organice la información con títulos, subtítulos y sumarios.

- Una introducción corta en cada sección puede prevenir al lector sobre el contenido que se le está presentando.

- Se debe tratar de presentar una sola idea por párrafo y las ideas deben quedar separadas; así son más fáciles de leer y recordar.

- El usuario quiere la idea principal clara y desde el principio, por ello es recomendable ser lo más conciso que se pueda y dirirgirse a lo esencial lo más rápidamente posible.

- Las conclusiones se presentan al principio de los textos, después se dan los detalles.

Hay que facilitar la interacción y navegación

La hoja de papel en Internet es la interfaz que se le presenta a los usuarios, por lo tanto, ésta es esencial para la rapidez y facilidad de navegación. Tome en cuenta el valor visual que tiene la parte superior de la interfaz, las ideas más importantes. En este sentido, los usuarios no quieren tener que aprender todos los días cómo se navega una página web. Por eso es importante usar convenciones de interactividad, como por ejemplo disponer los textos de los links en color azul.

Enumeremos algunos aspectos útiles para que al visitante le resulte más sencillo navegar en su sitio web:

1. No debería haber exceso de información en una interfaz que resulte demasiado pesada leerla, aunque también puede ser incómodo cuando la información está muy fraccionada y se necesitan muchos pasos (innecesarios) para llegar hasta donde se quiere.

2. No se deben usar acertijos que lleven a los usuarios a donde ellos no desean. Muchas veces es útil una breve descripción del contenido de un enlace para que no haya sorpresas.

3. El contenido debe estar bien estructurado, como si se tratara de un índice. Además, se deben indicar las funciones disponibles en un website con mensajes específicos, en lo que se refiere a qué se puede hacer o hacia dónde se puede ir.

4. Se debe cuidar la consistencia visual. Todas las páginas que componen un website deben tener un parentesco gráfico consistente y un esquema de secciones constante. Esto es lo que más ayuda a los usuarios a saber en dónde están.

Ofrezca más detalles que de costumbre

Un sitio web puede brindar más información de la que normalmente se daría en otro medio por limitaciones de espacio o tiempo.

Hay mucha información útil en la red que puede relacionarse atractivamente con el contenido de una nueva página. Los internautas disfrutan, especialmente, de la posibilidad de conectarse de un lugar a otro alrededor del mundo, con sólo hacer *click*.

Si se ofrecen servicios, el énfasis de la información debe estar en los mecanismos para obtener los beneficios y en las experiencias concretas que respaldan la calidad de los mismos. Pero si se ofrecen productos, hay que dar información inteligente y comparativa y se debe organizar y clasificar muy bien.

Mantener actualizada la información

A menos que sea una fuente de noticias permanente, alimentar periódicamente el contenido del website determina buena parte de su imagen y su reputación y la de quienes están detrás del sitio.

Todas las actividades del negocio (los nuevos productos, el mejoramiento de los existentes, los logros como empresa, etc.) se pueden convertir en novedades interesantes para sus clientes actuales o potenciales.

Pero hay que estar preparados al otro lado de la línea para atender adecuadamente la interactividad de los usuarios. Es importante prever los recursos necesarios para atender las solicitudes de los internautas.

De igual forma, también se pueden construir bases de datos y aprovechar los recursos tecnológicos para monitorear lo que hacen los usuarios en la página web. Así se podrá evaluar y rediseñar mejor los contenidos y desarrollar poderosas iniciativas de mercadeo directo.

Estructure adecuadamente la información

No importa si su negocio es grande o pequeño, o si es una empresa de servicios o fabricante de bienes, en Internet hay una intensa competencia por el tiempo, la atención y la preferencia de los internautas.

Para un sitio web lo primero que debe definirse es su proceso de publicación, el cual consiste, por una parte, en la redacción, edición y publicación de la información, y por la otra, en la estructura y organización del contenido a publicar.

Organizar correctamente la información que presenta su empresa a través de un sitio web, es mucho más importante de lo que normalmente se piensa. De esto depende que la empresa se comunique eficazmente y logre sus objetivos comerciales.

Todo en función de la lectura

En un sitio web empresarial, que tiene fines comerciales, la información debe estructurarse para visitantes que son en esencia lectores. Para ello es indispensable conocer y comprender sus necesidades y los factores que determinan la facilidad de lectura y comprensión del contenido de su sitio web.

Quizás esto suene muy elemental, pero una importante cantidad de los sitios web de las empresas, grandes o pequeñas, muestran claramente un gran descuido y subestimación por la lectura de la información que ofrecen.

Esto se demuestra en el uso de tamaños de letras muy pequeñas, en el uso de colores inapropiados para la tipografía, o el uso de colores e imágenes de fondo con los que resulta muy difícil leer la información de la interfaz.

Cuando comience a organizar la información, use la lógica de un índice, como si se tratara de un libro, en el cual las secciones de su página web pueden compararse con los capítulos del libro.

Los «capítulos» básicos de su sitio web

Las secciones de información que no pueden faltar en el sitio web de una empresa, que busca aprovechar Internet para fortalecer su gestión de mercadeo y venta, son:

- Cuáles son los productos y servicios que ofrece su empresa (tan detalladamente como sea posible). No se conforme con enunciados genéricos. Recuerde que es necesario que su mensaje transmita cuáles son las diferencias y ventajas competitivas de su negocio.

- Cuál es la trayectoria de la empresa. Los potenciales clientes buscan información de los negocios que visitan en Internet para ver si pueden confiar en ellos, y en lo que ofrecen. Por eso suele ser relevante la información sobre la historia de la empresa, sus socios, sus clientes, sus recursos humanos y su visión como organización.

- Cómo contactar a su empresa. Si la información anterior está bien presentada, el próximo paso que dará el visitante de su sitio web es tratar de contactarlo para pedirle un presupuesto o para ver en qué condiciones puede hacer negocios con usted. En este sentido, no escatime en los elementos de contacto que pueda ofrecer su empresa: dirección completa, teléfonos y direcciones de correo electrónico.

Con la misma intención didáctica de comparar los capítulos de un libro con las secciones de una página web, mencionamos otros posibles "capítulos" que podrían ser pertinentes para su negocio.

A lo mejor su empresa ofrece una cartera de productos tan amplia que quizás sea mejor mostrarlos en su página web como un "Catálogo Digital", en el cual se cuente con el debido espacio para desplegar mejor la información de los mismos.

Así mismo, quizás el mercadeo de su empresa en Internet sea más eficiente si lo hace a través de ofertas periódicas, lo que justificaría perfectamente que cuente con una sección de "Promociones" u "Ofertas Especiales del Mes".

Gerencie sensatamente las expectativas

Por ejemplo, una sección de "Noticias" u "Ofertas" en su sitio web representa una responsabilidad importante ante los internautas que llegan a ella. Estos aspirarán encontrar noticias y ofertas al día.

Cuando se ofrece este tipo de secciones en un sitio web, es indispensable estar preparado para generar la debida información. Es indispensable que tenga un plan para actualizar este contenido con la regularidad que sea más factible para usted y que sea fácil de cumplir. De lo contrario, terminará creando expectativas que no podrá satisfacer, y esto generará una imagen negativa de incumplimiento por parte de su empresa.

En todo caso, la forma de estructurar la información debe responder a un orden riguroso, pero sobre todo debe ser fácil y rápido de comprender, como es el caso de un buen índice de un libro.

Evite tener secciones "En construcción"

Las secciones "En construcción" en un sitio web empresarial o comercial le hacen daño a la imagen general de su empresa. El potencial cliente, visitante de su página web, considera que esto no sólo es un defecto sino que es una falta de seriedad y responsabilidad.

¿Cómo puede llegar a confiar un posible cliente en una empresa que ofrece contenidos que aún no están terminados? ¿Sus productos y servicios también serán incompletos?

Uno de los principios básicos para que una empresa tenga una buena imagen pública consiste en no ofrecer nada que no pueda cumplir.

El ABC del diseño de un sitio web empresarial

Internet se utiliza con muchos propósitos, pero cuando se está buscando opciones de empresas que puedan ofrecer un tipo de servicio o producto, el potencial cliente que interactúa con la página espera la mayor practicidad y funcionalidad.

En tal sentido, el empresario, gerente o comerciante que tiene la responsabilidad de contratar el diseño y la programación del sitio web, para promocionar su negocio en Internet, debería exigir estas cualidades:

A. Navegabilidad

• Acorte el camino: Es fundamental reducir al mínimo el número de *clicks* que el visitante debe hacer para llegar hasta la información que está buscando. El máximo razonable son 3 *clicks*. Si se necesitan más el internauta no continuará.

• Simplifique los procesos de interacción: La cantidad de *clicks* es aún más importante cuando se trata de comprar productos o servicios o solicitar información sobre los mismos. El visitante debe tener el menor trabajo posible para seleccionar un producto que quiera, así como para pagarlo. De lo contrario se rendirá antes de pagar.

• Cuidado con los hipervínculos (*links*): Estos deben tener sentido para el potencial cliente. Para que la interactividad sea eficiente, el estándar en Internet es que los *links* son textos azules y subrayados. Si son de otra forma, es posible que el visitante no los identifique fácilmente y en consecuencia no haga *click* en ellos.

• No abuse de elementos gráficos: No deben dominar la imagen visual de las interfaces. Los botones o imágenes que simbolizan las diferentes secciones del contenido, deben ser discretos y estar siempre en la misma ubicación.

B. Legibilidad

• Hay que facilitar la lectura: Hay ciertas tendencias de diseño a tratar las páginas web como si fueran pequeños comerciales de TV, olvidándose del hecho de que las personas interactúan con las páginas web de una manera muy distinta a como lo hacen con la TV. La legibilidad es mucho más importante en un sitio web que en la TV, frente a la cual además tenemos una actitud comparativamente más pasiva que frente al monitor de una computadora, y con la TV sólo podemos interactuar con el control remoto.

- Manejo del contenido: La gente espera que el sitio web de una empresa ofrezca información que pueda ser leída e impresa con facilidad. Las letras negras sobre fondo blanco quizás no sean un derroche de originalidad pero son mucho más fáciles de leer (su objetivo de negocio) que letras verdes sobre un fondo azul marino. La mayoría de los clientes imprimen las páginas cuyo contenido les interesa, porque es mucho más cómodo leerlo sobre papel que en el monitor del PC.

- Evite el ruido visual: El exceso de gráficos, las animaciones y otros recursos visuales pueden resultar una gran molestia para quien está leyendo en una página web, tratando de entender la información sobre su negocio. En un sitio web empresarial se valora más la información sobre la empresa y lo que ofrece que su "truculencia" visual. Los elementos gráficos en su sitio web realmente deben apoyar los objetivos de mercadeo y publicidad de su negocio, en vez de ser elementos de distracción.

- Identidad gráfica: Si desea reforzar la imagen de su empresa es mejor que use los mismos colores y tipografía que usa en su logotipo y folletos.

C. Rapidez

Para que el sitio web de su negocio realmente lo ayude a obtener más clientes, debe tomar en cuenta que los internautas apreciarán más su funcionalidad y rapidez que una belleza ineficiente.

- Probando: Realice todas las pruebas que necesite para estar seguro que el sitio web de su empresa no está recargado de gráficos u otros elementos que lo hagan lento de cargar en el PC de sus clientes.

- Bytes: En función de que el sitio «pese» menos y sea más rápido, siempre puede reducir el tamaño de las imágenes.

- Menos de 5 segundos: La inmensa mayoría de las personas que consultan sitios web de empresas, buscando opciones de productos o servicios, no esperan y se van si la página tarda demasiado en cargarse en su computador ¿No le ha pasado a usted? ¿Cuánto es demasiado? Más de

10 segundos ¿Cuál es la velocidad ideal para que sus clientes (visitantes) queden satisfechos y no se fastidien? Que su página web «baje» en menos de 5 segundos.

Por supuesto, la velocidad de un sitio web depende del modem y la conexión del usuario, por lo que debe recordar que la gran mayoría de sus potenciales clientes navega Internet usando conexiones lentas.

Si el sitio web de su empresa compite con la velocidad de otros sitios y la atención e interés de sus visitantes también depende de la rapidez del sitio, ¿por qué arriesgarse a perder potenciales clientes con un sitio web que es tan atractivo pero que pesa demasiado?

En búsqueda de navegabilidad

El concepto de navegabilidad (o en inglés *usability*) se refiere a todas las propiedades interactivas presentes en la estructura del contenido de un website, las cuales le permiten a los usuarios, con un determinado grado de eficiencia, identificar las distintas secciones de contenidos y desplazarse entre ellas, manteniendo el sentido de su ubicación.

Sin embargo, cuando se habla de diseño de páginas web, la mayoría de las personas piensa principalmente en los elementos gráficos y las características visuales, que por supuesto proveen personalidad y estilo, pero no determinan la navegabilidad del website.

Así pues, los aspectos gráficos del diseño deben girar fundamentalmente alrededor de la información y no al revés, si se desea que las interfaces del website sean fácilmente navegables por los usuarios. Las cualidades interactivas en un website que determinan su navegabilidad son: estructura, ubicación, desplazamiento, contexto y relevancia.

La estructura del contenido

Es la forma y el estilo en que está organizado y expuesto todo el contenido del website y debe reflejar los distintos niveles de importancia que tienen cada una de las partes del contenido.

Una estructura bien definida muestra, de la manera más clara, directa y amigable, una clasificación tal del contenido que permite a los usuarios identificar rápida y exactamente lo que quieren.

Una manera sencilla que puede ayudar a desarrollar o evaluar la consistencia de la estructura de un contenido, es plantearlo como si se estuviera haciendo el índice de un libro. Este ejercicio permite ver en un sólo plano la relevancia y la subordinación de todos los niveles de contenidos, expresados en capítulos, secciones, sub-secciones, referencias, etc. Con esta imagen se puede revisar la coherencia de las relaciones entre los distintos contenidos, como si se estuviera viendo un esqueleto humano.

Encontrar más de un esqueleto principal de contenidos en un website, es uno de los típicos problemas de navegación que se presenta cuando la estructura de la información no está adecuadamente concebida.

Ubicación de los elementos de navegación

La página web debe tener una consistente estructura informativa que le indique en todo momento a los usuarios en qué lugar del website ellos están. No importa en que nivel del contenido el internauta se encuentre en un momento determinado. Si tiene dificultades para identificar dónde está la estructura de navegación del website, tiene problemas y debe modificarse.

El sentido de ubicación es el primer generador de comodidad y seguridad en la experiencia interactiva de los usuarios con las interfaces que constituyen una página web.

Guiar el desplazamiento a través del contenido

Una clara estructura de desplazamiento, además de reforzar el sentido de ubicación en los usuarios, les permite moverse lo más rápidamente posible y con una lógica simple a través de todo el contenido de un website.

Cuando el desplazamiento no está correctamente resuelto, solemos perdernos en un website y necesitamos regresar a secciones ya revisadas para poder llegar hasta otras. Aunque una de las grandes dificultades es determinar el grado de redundancia necesaria en la estructura de desplazamiento en un website, una de las medidas de la navegabilidad consiste en la posibilidad de moverse de un contenido a otro, con la menor cantidad de clicks.

La cualidad de desplazamiento en un website determina el alcance y la profundidad de las visitas. En otras palabras, una simple estructura de desplazamiento le permite a los usuarios conocer la mayor cantidad de contenidos en una página web.

Las referencias del contexto

Las interfaces de un website deben proveer a los internautas de suficientes referencias explícitas que ayuden a diferenciar una sección de otra, al mismo tiempo que evidencian la familiaridad entre las mismas.

Sean muchas o pocas, todas las secciones de un sitio web deben ofrecer un contexto específico de la sección y uno común al website, y la claridad de cada uno de estos contextos es lo que determina que el website sea percibido como una sola entidad.

Además, el contexto es la cualidad de navegación en donde principalmente se apoya la imagen de un website, contribuyendo a proporcionar personalidad y estilo.

Relevancia de ciertos elementos gráficos

La navegabilidad también depende de la claridad y la consistencia con la que se destacan unos contenidos de otros. No sólo se necesita diferenciar una sección de otra. Es indispensable transmitir con claridad los distintos niveles de importancia en un contenido determinado y resaltar los contenidos específicos que se desean promocionar.

Cuando se le indica a los internautas la relevancia de un contenido sobre otro:

• Se induce la lógica de navegación que más conviene.

• Se da un soporte más seguro a la decisión final del *click*.

• Se alerta acerca de lo más y lo menos importante.

• Se comunica los niveles de subordinación en la estructura de la información.

Todas estas cualidades relacionadas con la interactividad inciden en la calidad de la experiencia que los usuarios tienen navegando en un sitio web. Es esta experiencia la que sirve de plataforma para la imagen que generan las páginas web.

Ayude a navegar y no a naufragar

La navegabilidad es el problema más importante que debe resolver el diseño de un website. Es más fácil navegar en una página personal, que sólo tiene 10 interfaces, aunque la información esté desorganizada. Pero en una tienda electrónica con cientos o miles de productos, o un website corporativo, con una amplia cartera de productos o negocios, y que además vincula a un grupo de empresas que tienen su propio perfil, la navegabilidad es la condición principal para que los usuarios aprovechen y regresen a la página web.

Es pertinente agregar que las condiciones de navegación varían entre un website, una intranet o una extranet y las cualidades mencionadas tienen un peso específico distinto.

A las empresas les podría tomar mucho tiempo darse cuenta del costo de una navegación ineficiente en su intranet, porque sus usuarios están obligados a repetir rutinas de navegación, independientemente de que la estructura del contenido no sea consistente.

En el caso del los websites con modelos de negocios corporativos, el costo de la ineficiencia no sólo podría ser mayor, sino que la navegación puede llegar a determinar la posibilidad real de transacciones que impliquen grandes cantidades de dinero.

Aspectos básicos en el servicio de hospedaje

Una vez construído el sitio web, hay que publicarlo en Internet.

Los aspectos más importantes a considerar al momento de contratar un servicio de hospedaje (del inglés «host» y «hosting») son:

- Los tipos de acceso al servidor y el alcance de los mismos, lo que en algunos casos se conoce como "privilegios de acceso".

- La cantidad de memoria en el disco duro del servidor, que se obtiene con el servicio, en función del tamaño de la página web que se va a hospedar.

- La posibilidad y la cantidad de casilleros de correo electrónico que pueden configurarse o redireccionarse.

Tipos de acceso al servidor

Un servidor es un computador que ha sido configurado con cierto sistema operativo y protocolos de comunicación, que lo convierten en un «anfitrión» (*host*) de páginas web.

Todos los servidores en Internet tienen una dirección específica y única (*host address*); en algunos casos se trata de un nombre que se le da al sistema y en otros casos, es un número que se le da al computador, por ejemplo: 194.140.128.71.

Dependiendo de su configuración, el servidor nos permite diferentes tipos y niveles de acceso. Por ejemplo, cuando nos conectamos a un sitio web usamos un tipo de acceso conocido como World Wide Web, que nos permite ver archivos gráficos a través de un programa de navegación.

Pero, cuando revisamos desde nuestro computador si tenemos nuevos mensajes, nos conectamos vía correo electrónico al servidor que nos provee de este servicio, tenemos así acceso a un nivel que requiere una identificación y una clave secreta.

Lo más importante que el usuario debe considerar sobre los tipos de acceso a un servidor es la frecuencia, rapidez y comodidad que se requieren para modificar los distintos contenidos en un sitio web (textos, imágenes y aplicaciones).

Por ejemplo, si se necesita actualizar un sitio web con mucha regularidad (una vez al día o a la semana) es conveniente contar con un acceso y clave del tipo FTP (File Tranfer Protocol), que nos permite cambiar en el servidor cualquiera de los archivos electrónicos relacionados con nuestra página web, en el momento que lo deseamos.

El espacio en disco duro

Las páginas web están conformadas por diferentes archivos electrónicos. Por ejemplo, los de carácter gráfico, como fotografías, ilustraciones o el logotipo de una empresa, son archivos en formato GIF (Graphics Interchange Format), JPG o JPEG (Joint Photographic Experts Group), y los de las interfaces son archivos en formato .HTML (Hyper Text Markup Language).

A su vez, un sitio web está constituído por varias páginas (secciones o interfaces) relacionadas entre sí gracias a los hipervínculos (*links*), lo que sumado a los archivos gráficos da como resultado un volumen (o peso) determinado de bytes.

Cuando se va a contratar un hospedaje, es indispensable verificar si el servicio ofrece suficiente espacio de disco duro como para que quepa nuestra página web, lo cual se mide en números de Megabytes (Mb).

En nuestra experiencia, si los elementos gráficos son debidamente procesados, un sitio web con 5 páginas-interfaces y unas 20 imágenes puede pesar menos de 1 Mb, para lo cual es más que suficiente un servicio de hospedaje que ofrece 2 o 5 Mb de disco duro.

Las páginas con muchas fotografías necesitan más espacio de disco y las páginas que tienen bases de datos requieren de condiciones especiales de hospedaje. En ciertos casos podría ser conveniente contar con más holgura, en cuanto al espacio de disco duro disponible para la página web, pero también se debe tener el cuidado de no pagar por lo que no se usa y necesita.

Las compañías de hospedaje ofrecen varios tipos de hospedaje, para ello seleccione el que más le convenga en precio y cantidad de megabytes.

Disponibilidad de casilleros de correo electrónico

Independientemente de que la empresa que le provee la conexión a Internet le dé una dirección de correo electrónico, hay servidores de hospedaje que ofrecen la posibilidad de personalizar casilleros (cuentas POP), a los que se tiene acceso individualmente, pero a través de la cuenta original.

En otras palabras, si el servicio de hospedaje lo permite, con una cuenta de acceso, se pueden tener varios casilleros personalizados en el servidor de hospedaje.

Por ejemplo, se puede tener jucar@cograf.com, isabel@cograf.com, aunque la cuenta de acceso sea jucar@equisproveedor.com.

El principal beneficio de esto es que la dirección de correo electrónico puede ser una herramienta importante para la promoción de la imagen de marca de una empresa.

No es lo mismo que mi correo electrónico sea jucar@cograf.com a que sea jucar@equisproveedor.com. Con el primero, se promociona la marca "Cograf", a la vez que se transmite la existencia de un dominio y un sitio en Internet: www.cograf.com.

Dado el caso que se posea una empresa formal pero se utiliza un servicio gratuito de correo electrónico, del tipo Hotmail.com, Gmail.com o Yahoo.com, se transmite una imagen de poca formalidad, estabilidad y confiabilidad.

Es obvio que no se percibe bien si tengo como dirección de correo electrónico jucar@hotmail.com, porque es como si diera el teléfono del vecino para atender a los clientes.

En mi caso en particular, teniendo una empresa de desarrollo de sitios web, usar un servicio gratuito de correo electrónico sería una gran inconsistencia: «en casa de herrero, asador de palo».

Desde el punto de vista publicitario, así como el uso de un subdominio, el tener un correo electrónico proporcionado por un servicio gratuito hace que se desperdicie la oportunidad de promocionar el negocio, ya que si tengo una dirección de correo electrónico que la involucra explícitamente (jucar@cograf.com), automáticamente le hago publicidad a mi página web.

| Glosario

A continuación ofrecemos una lista de algunos de los términos relacionados con Internet, usados con más frecuencia:

Arroba: Es un símbolo tipográfico que se utilizaba para representar la unidad de masa llamada arroba (@), pero que se popularizó con la informática, pues se utiliza para indicar "en" (del inglés *at*) en las direcciones de correo electrónico.

Attach: Cuando se utiliza un programa de correo electrónico en inglés, significa "Anexar" o "Archivo Anexo". También se utiliza *attachment*.

B2B: Business to business, b-to-b. Es una manera abreviada de referirse a negocios entre empresas, de empresa a empresa.

B2C: Business to consumers, b-to-c. Comercio desde las empresas hacia el cliente final o el consumidor. Se refiere a ventas directas a través de Internet.

Banner: Anuncio publicitario en una página web. Visualmente parecido a un cintillo. Tiene la peculiaridad de ser interactivo y se enlaza con la página web del anunciante.

Blog: También conocido como *weblog* o *bitácora*, es un sitio web periódica y cronológicamente actualizado, con textos o artículos de uno o varios autores, sobre una temática en particular.

Branding: De la palabra brand, que significa marca. Se refiere a la planificación y a la gerencia práctica de la imagen de marca de empresas o productos.

Buscador: Genérico que define un lugar de Internet donde se localizan páginas web. Técnicamente los hay de dos tipos: índices y arañas. Ofrecen la posibilidad de introducir un término o varios para que el sistema los rastree en su base de datos.

Chat: Sala de Charlas. Es el nombre del servicio que dan ciertas páginas web, a través del cual 2 o más personas se comunican y conversan en salas virtuales, a través de textos escritos, en tiempo real y sin espera.

Ciberespacio: Término concebido por el escritor William Gibson en su libro *Neuromancer* para describir el mundo de las computadoras y las sociedades que a partir de ellas se desarrollan.

Cibernautas: Una de las maneras de denominar a los usuarios de Internet, entendiendo ésta como una red de recursos que en conjunto constituyen el ciberespacio.

Comercio Electrónico: Compra-venta de bienes y servicios mediante Internet y la telefonía móvil sin que exista ningún tipo de contacto fuera de línea (offline) entre comprador y vendedor.

Cookie: Información que le coloca un servidor web al navegador de un usuario. El cookie lleva un número de serie que asigna el webmaster a cada internauta. Ese tipo de programa permite rastrear una navegación determinada.

CPM: (Costo Por Mil) La mayoría de los banners publicitarios en Internet se comercializan a un costo determinado por cada mil impresiones del banner.

Criptografía: Es el arte de escribir con una clave secreta. En Internet se utiliza como base para la seguridad en el transporte de la información. Por ejemplo, cuando se suministra información confidencial un programa se encarga de encriptar dicha información para que un tercero no pueda entenderla.

CTR o Click-Through: Se refiere a las veces que los usuarios hacen *click* en un banner publicitario y se asocia a la efectividad comunicacional del banner.

Dirección Electrónica: De un buzón de correo o de una página web. En el primer caso equivale a la cuenta de acceso y, en el segundo, es lo mismo que URL (Uniform Resorce Locator).

DNS (Domain Names Service): En español significa servicio de nombres de dominio. Aplicación de Internet encargada de convertir los nombres de dominio, como por ejemplo www.auyantepui.com, en una dirección de protocolo de Internet numérica (IP) como 192.168.1.254.

Dominio: Nombre o dirección numérica asignada a una computadora, mediante la cual nos damos a conocer en Internet. Es la dirección electrónica. Puede basarse en el nombre de la empresa o en una de sus marcas.

Encriptación: Proceso de codificar una información para evitar que sea accesible a todo aquel que no disponga del código de decodificación. Sirve para evitar que el contenido de los mensajes pueda estar al alcance de cualquiera manteniendo de este modo un determinado nivel de seguridad y/o privacidad.

Extranet: Tipo de redes privadas de computadores, circunscritas a áreas físicas específicas, que también brindan acceso a conexiones de computadores externos a la red.

Frames: Interfases de ciertas páginas web, que están divididas en 2 o más ventanas independientes.

Hits: Es una forma de referirse a la cantidad de visitantes únicos de una página web.

HTTP (HyperText Transfer Protocol): Protocolo estándar de transferencia de hipertextos. El protocolo de comunicaciones en el que está basado la Word Wide Web. HTTP es un conjunto de reglas según las cuales la información se traslada desde el servidor que la contiene, hasta el navegador del usuario que la solicita.

Homepage: Es la interfaz inicial de una página web. Haciendo una comparación con los libros, se trataría de la portada de la página web.

Hosting: Servicio de hospedaje de páginas web que dan empresas proveedoras de servicios relacionados con la conexión a Internet.

Impresiones de banners: Cada vez que aparece un anuncio publicitario en la interfase de un sitio web se considera como una impresión de dicho banner.

Internauta: Así también se denomina a los usuarios de Internet, que supone una condición de navegantes que viajan de un punto a otro en la superautopista de la información.

Interfaz: Es la imagen en la pantalla del monitor de un computador, que muestra en forma gráfica diferentes tipos de mensajes y contenidos.

Internet: Una red de redes de computadoras interconectadas mundialmente, a través de las distintas plataformas de telecomunicaciones que existen en todos los países.

InterNic: Empresa que tiene la concesión del servicio mundial de registro de dominios para los usuarios de Internet.

Intranet: Redes privadas de computadores y sistemas.

ISP (Internet Service Provider): En español equivale a la empresa proveedora de acceso a Internet.

Links: También referido como vínculo o enlace, es la interconexión que hay o que puede haber entre un punto de un sitio web y otro en la misma página web u otra.

Look and feel: Es una expresión en inglés que se refiere a la imagen y a la apariencia visual de las interfaces gráficas que constituyen una página web.

On line: La traducción literal es «en línea». Se refiere a lo que está dentro de Internet en el momento preciso de estar conectado a la red.

Page Views (Páginas Vistas): Se refiere a las interfaces visitadas en una misma página web.

Página Web: Es la empleada para visualizar la información en la red. Cada página puede contener texto, imágenes o elementos multimedia. Un sitio web puede estar constituido por una sola página web o por más. Y cada página puede estar enlazada con otras.

Portales: Es el nombre que se le da a sitios en Internet que agrupan diversos tipos de contenidos y servicios. Los portales horizontales ofrecen contenidos que no tienen necesariamente ninguna relación entre sí. Los portales verticales se focalizan en áreas temáticas, alrededor de las cuales desarrollan sus servicios.

Proveedor: En el ámbito de Internet hace referencia a la empresa, organización, o entidad que proporciona el acceso a la Red. Es lo mismo que ISP (Internet Service Provider) o proveedor de servicio de Internet.

Protocolo: Conjunto de normas que especifican cómo se comunican dos ordenadores entre sí y cómo intercambian información.

Push-mail: Es un término en inglés que se utiliza cuando se envía un mensaje electrónico que tiene el propósito de generar una respuesta concreta.

Pop-menú: Es un recurso de interacción muy utilizado en las páginas web y consiste en una especie de caja rectangular, que cuando el usuario hace *click* sobre ella, se despliega automáticamente un listado de opciones.

Reach-media: Se refiere a los banners publicitarios que tienen propiedades programáticas especiales. Por ejemplo, cuando el banner permite que los usuarios hagan una consulta y puedan interactuar mucho más que con un simple *click*.

Redireccionar: Enviar a otra dirección. Es frecuente cuando se cambia de dominio. Desde la antigua dirección se redirecciona a los usuarios a la nueva, usualmente de modo automático.

Scroll: Es la acción que se hace en la barra extrema derecha de las ventanas que despliegan los documentos en un computador que utiliza un sistema operativo gráfico. Hacer scroll nos permite trasladarnos desde arriba hacia abajo en un documento y viceversa.

Shareware: Programas que se distribuyen a un costo mínimo o en forma gratuita con el fin de difundir su uso en un período de prueba y que el usuario posteriormente adquiere y actualiza.

Targeting: Se refiere a la publicidad segmentada y especialmente dirigida a un público-objetivo, lo cual es una de las grandes fortalezas en Internet, porque la tecnología debidamente aplicada permite niveles sofisticados de medición de la efectividad de una campaña publicitaria.

TCP/IP (Transmision Control Protocol / Internet Protocol): Es un estándar de comunicaciones entre redes, muy frecuentemente incorporado como parte de los programas de conexión de los computadores.

Tiempo Real: Se trata de tiempo real cuando un computador que está conectado a Internet realiza una función que le ha sido ordenada en ese mismo momento, sin espera alguna.

Uniform Resource Locator (URL): Significa Localizador Uniforme de Recursos. Se refiere al sistema unificado de recursos en la red con el cual se identifican las páginas web.
Ejemplo de URL: http://www.postales.com

World Wide Web: Red alrededor del mundo. Es otra de las maneras de referirse a Internet.

| Referencias Web

Más información sobre los diferentes temas de este libro:

About. Noticias, artículos e investigaciones de interés sobre tiendas y transacciones electrónicas.
http://onlinebusiness.about.com

Alertbox. Columna quincenal del Dr. Jakob Nielsen, gurú mundial sobre *usability*.
http://www.useit.com/alertbox

Brint. Información de tecnología y negocios, ampliamente reseñada por el diario Wall Street Journal y las revistas Business Week y Fortune.
http://www.brint.com

Cavecom. Cámara Venezolana de Comercio Electrónico. Reúne a los principales actores del comercio electrónico en Venezuela.
http://www.cavecom-e.org.ve

Center of Interactive Advertising. Conjunto de publicaciones sobre mercadeo interactivo de la Universidad de Texas.
http://www.ciadvertising.org

Clickz Network. Abundante información estadística sobre diferentes aspectos de uso, el mercadeo y la publicidad en Internet.
http://www.clickz.com/stats

comScore Networks. Especialistas en investigaciones mundiales sobre la población en Internet y su hábitos de navegación.
http://www.comscore.com

Datanálisis. Empresa venezolana de investigaciones de mercado, con un departamento especializado en Internet.
http://www.datanalisis.com

DoubleClick Network. Recursos de publicidad e investigaciones de mercadeo y campañas publicitaria en Internet.
http://www.doubleclick.com

EIAA. European Interactive Advertising Association ofrece casos de estudios sobre la efectividad de la publicidad on-line en Europa.
http://www.eiaa.net

EIU. Economist Intelligence Unit, provee información y asesoría de mercado basados en constantes investigaciones en todo el mundo.
http://www.eiu.com

Emarketer. Empresa de investigaciones del mercado en Internet.
http://www.emarketer.com

Forrester Research Inc. Especialistas en diferentes investigaciones de mercado y comportamientos de los consumidores.
http://www.forrester.com

IAB. Interactive Advertising Bureau, una asociación gremial que promueve investigaciones y estándares sobre publicidad en Internet.
http://www.iab.net

Internet.com. Portal de Jupitermedia Corporation, con amplia información sobre todas las áreas relacionadas.
http://www.Internet.com

Internetips. Consejos y referencias para empresarios y gerentes, sobre el aprovechamiento de Internet para sus negocios.
http://www.Internetips.com

Jupiter Research. Provee investigaciones, análisis y consejos sobre mercadeo en Internet sustentados en sus bases de datos y tecnologías.
http://www.jupiterresearch.com

NetCraft. Investigaciones y análisis de data sobre diferentes aspectos relacionados con Internet desde 1995.
http://www.netcraft.com

Nielsen NetRatings. Empresa multinacional de investigaciones de mercado y tendencias en Internet y medios digitales.
http://www.netratings.com

New Thinking. Boletín semanal sobre la gerencia de contenidos, producido por Gerry McGovern.
http://www.gerrymcgovern.com

Norman Nielsen Group. Especializados en asesoría e investigaciones sobre *usability, eyetrack* y productos digitales *human-oriented.*
http://www.nngroup.com

Lawrence Ragan Communications. Ofrecen diversos boletines sobre comunicaciones corporativas y relaciones públicas.
http://www.ragan.com

PARC. Palo Alto Research Center, especializado en investigaciones en ciencias computacionales y sociales.
http://www.parc.com

Sun Lab. Laboratorios de investigaciones de la empresa Sun Microsystems, con publicaciones sobre proyectos realizados.
http://www.sunlabs.com

The Poynter Institute. Dedicado a la investigación integral y la enseñanza del periodismo.
http://www.poynter.org

UIT. Unión Internacional de Telecomunicaciones, forma parte del sistema de Naciones Unidas, con información institucional sobre Internet.
http://www.uit.int

WebTrends. Software para estadísticas en sitios web. Recursos sobre tendencias y análisis estadísticos de mercadeo en Internet.
http://www.webtrends.com/resources.aspx

Wikipedia. Una enciclopedia completa, escrita con colaboraciones de los lectores.
http://www.wikipedia.org

Ziff-Davis Network. Más de una docena de publicaciones especializadas en tecnologías digitales.
http://www.zdnet.com

| Referencias Bibliográficas

EISEMBERG, Bryan y Jeffrey (2005): *Persuasive online copywriting*. Wizard Academy Press.

GLADWELL, Malcolm (2002): *The Tipping Point*. Back Bay Books.

GLADWELL, Malcolm (2005): *Blink. The power of thinking without thinking*. Little, Brown and Company, Time Warner Book Group.

KEVIN, Kelly (1998): *New Rules for the New Economy*. Viking Adult.

KEVIN, Roberts (2004): *Lovemarks: The Future Beyond Brands*. PowerHouse Books.

LENSKOLD, James D. (2003): *Marketing ROI*. McGraw-Hil.

MARC, Gobe (2001): *Emotional Branding*. Allworth Press.

MCGOVERN, Gerry (1999): *Caring Economy*. Blackhall Publishing.

NIELSEN, Jakob (1999): *Designing Web Usability: The Practice of Simplicity*. New Riders Press.

NIELSEN, Jakob (1995): *Multimedia and Hypertext: The Internet and Beyond*. Morgan Kauffman.

RIES, Al y Laura (2001): *The 22 immutable laws of branding*. Harper Collins Publishers.

STERNE, Jim (2002): *Web Metrics*. Wiley.

STEVE, Krug (2000) *Don't Make Me Think*. New Riders Press.

TAPSCOTT, Don (2000): *Digital Capital*. Harvard Business School Press.

www.ingramcontent.com/pod-product-compliance
Lightning Source LLC
Chambersburg PA
CBHW060042210326
41520CB00009B/1228